GESTÃO DEMOCRÁTICA NA ESCOLA

ARTES E OFÍCIOS DA PARTICIPAÇÃO COLETIVA

COLEÇÃO
MAGISTÉRIO: FORMAÇÃO E TRABALHO PEDAGÓGICO

Esta coleção que ora apresentamos visa reunir o melhor do pensamento teórico e crítico sobre a formação do educador e sobre seu trabalho, expondo, por meio da diversidade de experiências dos autores que dela participam, um leque de questões de grande relevância para o debate nacional sobre a Educação.

Trabalhando com duas vertentes básicas – magistério/formação profissional e magistério/trabalho pedagógico –, os vários autores enfocam diferentes ângulos da problemática educacional, tais como: a orientação na pré-escola, a educação básica: currículo e ensino, a escola no meio rural, a prática pedagógica e o cotidiano escolar, estágio supervisionado, didática do ensino superior etc.

Esperamos assim contribuir para a reflexão dos profissionais da área de educação e do público leitor em geral, visto que neste campo o questionamento é o primeiro passo na direção da melhoria da qualidade do ensino, o que afeta a todos nós e ao país.

Ilma Passos Alencastro Veiga
Coordenadora

DINAIR LEAL DA HORA

GESTÃO DEMOCRÁTICA NA ESCOLA

ARTES E OFÍCIOS DA PARTICIPAÇÃO COLETIVA

PAPIRUS EDITORA

Capa: Fernando Cornacchia
Foto: Rennato Testa
Copidesque: Cristiane Rufeisen Scanavini
Revisão: Maria Botelho

Dados Internacionais de Catalogação na Publicação (CIP)
(Câmara Brasileira do Livro, SP, Brasil)

Hora, Dinair Leal da
Gestão democrática na escola: Artes e ofícios de participação coletiva / Dinair Leal da Hora – Campinas, SP: Papirus, 1994. – (Coleção Magistério: Formação e Trabalho Pedagógico).

Bibliografia.
ISBN 85-308-0287-X

1. Comunidade e escola 2. Escolas – Administração e organização I. Título. II. Série.

94-2454 CDD-371.207

Índices para catálogo sistemático:

1. Administração escolar: Planejamento: Educação 371.207
2. Planejamento participativo: Administração escolar: Educação 371.207

10ª Edição
2002

Fone/fax: (19) 3272-4500 – Campinas - São Paulo - Brasil.
E-mail: editora@papirus.com.br – www.papirus.com.br

Às minhas filhas Kátia, Ádrea, Cássia e Eloisa, alunas de escola pública, onde lutam pela democracia.

Agradeço aos meus pais, Milton e Maria, e à Inês, minha irmã-filha.
Agradeço também aos professores: Arlette D'Antola, Antonio Chizzotti e Alípio Casali, à amiga Josy Maués, e a todos os sujeitos que fazem parte da escola que foi alvo desta pesquisa.

SUMÁRIO

Pois aqui está a minha vida.
Pronta para ser usada.
Vida que não se guarda
nem se esquiva, assustada.
Vida sempre a serviço da vida.
Para servir ao que vale
a pena e o preço do amor.
....
Por isso é que agora vou assim
no meu caminho. Publicamente andando
Não, eu não tenho um caminho novo
O que tenho de novo
é o jeito de caminhar.
Aprendi
(o caminho me ensinou)
a caminhar cantando
como convém
a mim
e aos que vão comigo.
Pois já não vou mais sozinha.

Thiago de Mello

PREFÁCIO

Foi com grande satisfação que aceitei o convite para prefaciar o livro da Dinair Leal da Hora, intitulado *Gestão democrática na escola: Artes e ofícios da participação coletiva.*

Desde meu primeiro contato com esta obra pude perceber sua relevância e seu grande potencial de contribuição para os estudos da área de administração escolar democrática e participação comunitária.

A autora, buscando elucidar o processo de democratização das relações administrativas no interior da escola e sua articulação com a comunidade, realiza um estudo de caso em uma escola pública de educação básica na periferia da cidade de Belém, no Pará.

Valendo-se do estudo de caso, Dinair pode explorar em profundidade o fenômeno da administração e participação na realidade escolar, extraindo daí informações que contribuem seguramente para o aumento do conhecimento disponível na área.

Oportunamente, a autora vale-se de um conceito de administração que supera a errônea e difundida concepção de que o trabalho escolar divide-se em "administrativo" e "pedagógico" e, ao superá-la, considera a ação administrativa como coordenação de um esforço coletivo.

Por tratar-se de esforço humano, a dimensão subjetiva, pessoal, de cada um dos envolvidos deve ser levada em conta, exigindo-se, por isso, que se identifique qual a percepção condicionadora dos atos dos diversos agentes em atuação.

Nesse sentido, a administração democrática e a participação da comunidade, longe de ser um fato dado e consumado, é, na maioria das vezes, um horizonte a ser buscado. O caminho é, como diz a autora, um "aprendizado coletivo".

Para o êxito desse aprendizado podem colaborar o diretor da unidade educacional, a comunidade em que se insere a escola e todos os demais envolvidos, tais como funcionários e alunos. A postura básica, favorecedora de um desencadear adequado do processo, é interagir com os dados concretos e as pessoas reais existentes na situação, e não fugir da realidade, mas também não considerá-la imutável. Acreditar que as mudanças são possíveis e podem ocorrer mediante uma ação coletiva democrática é uma das mensagens marcantes da autora.

À todos aqueles que buscam a concretização do ideal democrático na sociedade e, portanto, nas escolas, a leitura da obra de Dinair, certamente, propiciará elementos de conhecimento e reflexão propícios e incentivadores.

Jair Militão da Silva

APRESENTAÇÃO

Este é um estudo de caso que tem como foco o processo de democratização das relações administrativas no interior da escola e sua articulação com a comunidade, da forma como é desenvolvida em uma unidade escolar pública de educação básica na periferia de Belém do Pará.

Para tanto, lancei mão de roteiros de entrevistas sobre o processo administrativo que se dá naquele espaço e como ele é percebido por alunos, professores, pais, funcionários, representantes da comunidade, diretora e vice-diretora, além de outros instrumentos que me possibilitaram caracterizar a ação democrática que se constrói na escola.

A percepção dos princípios democráticos na gestão educacional chegou-me através da permanente busca da construção coletiva do processo educacional em toda a sua amplitude.

Pude perceber ainda que a construção coletiva, pressuposto da democracia, que vem se criando na escola - alvo do estudo -, se desenvolve mediante os avanços e retrocessos próprios de um processo, aspecto que está presente nas ações e reflexões cotidianas dos sujeitos envolvidos, ficando claro a cada um deles o fundamento da conquista.

Assim, este trabalho me permitiu compreender o significado da participação da comunidade na gestão escolar para se atingir a autonomia nas decisões e no uso dos recursos. E, por fim, foi possível identificar claramente como um trabalho de análise de um microcosmo pode contribuir para o macrocosmo dos estudos da administração escolar.

INTRODUZINDO O ASSUNTO

Eu quase que nada não sei, mas desconfio de muita coisa.

....

O correr da vida embrulha tudo, a vida é assim: esquenta e esfria, aperta e daí afrouxa, sossega e depois desinquieta. O que ela quer é ver a gente aprendendo a ser capaz de ficar alegre a mais, no meio da tristeza! Só assim de repente, na horinha em que se quer, de propósito —por coragem. Será?

Guimarães Rosa

1
MAPEANDO A AÇÃO

A inquietação

O desenvolvimento de trabalho na área educacional exige do educador os exercícios de ofícios, artes e artimanhas que, ao lado da fundamentação científica necessária, permitam-lhe a adoção de práticas pedagógicas voltadas para o transformar e transformar-se como pessoa e profissional. Entendo que na administração escolar esses exercícios são também essenciais.

No decorrer de 18 anos de atividades profissionais no âmbito da educação, tenho caminhado de alguma forma nas trilhas da administração escolar, quer como professora de educação básica, quer como técnica em assuntos educacionais e assessoramento aos diretores escolares, quer no exercício mesmo da gestão de escolas públicas ou particulares ou, ainda, como docente engajada no compromisso de promover a formação de novos administradores da educação.

Neste caminho, tenho observado que os rumos tomados pela administração escolar têm sido historicamente traçados pela administração de empresas, na medida em que adota seus pressupostos no desenvolvimento das suas ações, com vistas sempre ao alcance da produtividade.

No Brasil, a administração da educação não se desvincula dos princípios administrativos empresariais, dada a sua característica de sociedade capitalista, em que os interesses do capital estão sempre presentes nas metas e nos objetivos das organizações que devem se adaptar ao modelo que lhe impõe esse tipo de sociedade.

Neste sentido, o diretor de escola tem como funções básicas organizar e administrar, numa perspectiva de que

> na sociedade dominada pelo capital, as regras capitalistas vigentes na estrutura econômica tendem a se propagar por toda a sociedade, perpassando as diversas instâncias do campo social. (Paro, 1990, p. 48)

Atribui, então, a todo e qualquer problema uma dimensão administrativa, isolando-o do todo social que é de onde provêm as suas causas, vendo-o apenas como produto de fatores tais como: incompetência de pessoas e grupos envolvidos, decisões incompatíveis com a solução, entre outros.

Essa perspectiva administrativa contribui para que muitos diretores de escola pública venham a se tornar déspotas com seus dirigidos e subservientes aos dirigentes dos órgãos centrais, esquecendo que sua principal função, e a mais importante, é realizar, por intermédio da administração, uma liderança política, cultural e pedagógica, a fim de garantir o atendimento das necessidades educacionais de sua clientela, cuidando da elevação do nível cultural das massas.

O diretor de escola, antes de ser um educador comprometido com a formação do educando, depara com situações em que se reduz a mero repassador de ordens, burocrata atado atrás das mesas, assinando papéis de pouco significado para a educação, "capataz de limpeza e organização" do prédio escolar, sendo obrigado a cumprir e fazer cumprir programas educacionais que continuadas vezes não levam em conta o conhecimento da realidade e as necessidades daquela comunidade escolar.

Na medida em que tenta assumir seu papel educativo, buscando espaço para exercer a *práxis* educacional, sofre sanções que vão das advertências à substituição sumária, por alguém que não "incomode" o sistema.

Para se manter no cargo, mergulha na ação centralizadora e autoritária que lhe permite o controle e a fiscalização das atividades, desenvolvendo um modo de organização que acaba por separar a concepção da execução, fazendo com que o professor tenha a sua ação fragmentada, obrigando-o a realizar uma atividade pedagógica planejada por técnicos ou especialistas em educação que são responsáveis também pelo seu controle.

Entretanto, o novo panorama de mobilização na sociedade brasileira vem alcançando uma amplitude capaz de impulsionar mudanças significativas nas relações de poder em todas as áreas de ação política no país.

Os processos se tornam mais abertos e democráticos na sociedade global, ao mesmo tempo em que se estabelece um perfil de democratização em setores específicos, em especial na educação. Essa tendência, que também se evidencia no Pará, exige que a política educacional e a prática educativa nas escolas assimilem o processo e criem possibilidades para que a manifestação democrática se consolide em cada cidadão brasileiro.

A administração da educação, entendida como o conjunto de decisões de interesse da vida escolar, necessita tomar uma nova feição, no sentido da supressão dos processos centralizadores, fragmentados, burocráticos que acabam por reforçar o controle do capitalismo, e partir para decisões embasadas na articulação dos interesses e das concepções diferenciadas dos diversos segmentos sociais.

Entendo que a democratização almejada nas relações no interior da escola não deve ser encarada como uma visão messiânica e fatalista. É uma grande falácia acreditar que, estando a escola democratizada, a sociedade irá se democratizar, ou que um dia surgirá o "Grande Messias" que irá democratizar a sociedade e, assim, a escola democrática surgirá no seu rastro.

Neste sentido, é fácil entender que a consolidação de uma gestão democrática no interior da escola não é um processo espontâneo e fácil. A dinâmica das relações do poder poderá entravar o avanço do processo, sendo necessário que o permanente esforço humano seja coletivo e encaminhado em função de decisões de grupos e não de indivíduos.

Acato a afirmação de Miguel Gonzalez Arroyo de que

> democratização da administração da educação não significa eliminar a presença do Estado dos serviços públicos, mas buscar mecanismos para submeter as decisões de Estado ao debate e ao controle pela opinião pública, pais, grupos e partidos. (1979, p. 4)

Tais mecanismos são capazes de gerar um processo de democratização das estruturas educacionais, por meio da participação de todos na definição de estratégias, organização da escola, na redefinição de seus conteúdos e fins. Enfim, recuperar o sentido educativo da administração escolar.

As teorias a respeito de administração escolar numa perspectiva democrática têm proliferado no Brasil ultimamente, no intuito de explicar sua fundamentação, apontando a gestão participativa como uma das condições necessárias para o desenvolvimento da sociedade democrática.

A participação em todos os níveis do processo educacional garantirá que a apreensão de outros conteúdos culturais se faça a partir dos valores próprios dessa comunidade. Essa participação se efetivará através da integração do processo educacional às demais dimensões da vida comunitária e da geração e operacionalização de situações de aprendizagem com base no repertório cultural, regional e local.

Torna-se necessário compreender os tipos de relação existentes no complexo de diversidades culturais, econômicas, políticas e sociais, como forma de explicitar as atividades da escola, o que deverá ser a orientação básica no processo educacional.

Diante desse quadro, algumas questões têm me inquietado:

- Como a administração se desenvolve na situação em que a escola tem uma relação articulada com sua realidade circundante?
- Que força tem uma unidade escolar em íntima articulação com a comunidade junto aos órgãos administrativos centrais do sistema educacional?
- Como a articulação escola-comunidade reflete na gestão da escola?
- Que exigências a gestão democrática e a participação comunitária impõem ao diretor de escola?

- Que resultados qualitativos e quantitativos sobre o ensino uma gestão democrática da escola pode produzir?
- De que forma os estudos em nível micro podem dar subsídios ao desenvolvimento da administração escolar?

Na pretensão de responder a essas questões é que me propus a desenvolver o presente trabalho de pesquisa.

O alvo pretendido

Nesta garimpagem de ofícios, artes e artimanhas exercidos nas práticas administrativas educacionais, fui buscar um veio em que a gestão escolar parece se caracterizar por um processo democrático em relação articulada com a comunidade local, com os seguintes objetivos:

— Descrever e analisar as práticas administrativas desenvolvidas em uma escola que tem relação articulada com a comunidade.
— Identificar, ante às determinações do Sistema Oficial de Ensino, a postura adotada por uma escola que acata a participação da comunidade em seu processo gestionário.
— Verificar as contribuições que a relação escola-comunidade oferece à gestão do processo educacional.
— Identificar os compromissos que uma postura democrática com participação comunitária exige do diretor.
— Identificar os resultados qualitativos e quantitativos apresentados no ensino, produzidos pela gestão democrática de uma escola.
— Identificar, através de um estudo em nível micro, as contribuições concretas ao desenvolvimento de uma administração escolar democrática.

2
A VEREDA METODOLÓGICA

Cumpre ser íntegro até a dureza nas coisas do espírito para poder suportar a seriedade da tarefa e a paixão que nos desperta.

Friedrich Nietzsche

Desenho e caracterização da pesquisa

A investigação delineada neste trabalho caracteriza-se como um Estudo de Caso de cunho descritivo-analítico, numa abordagem qualitativa, tendo em vista que foi baseada num modelo dialético de análise, em que procurei identificar as múltiplas facetas das práticas administrativas desenvolvidas na escola objeto do estudo, tentando contrapor os dados obtidos aos parâmetros mais amplos da sociedade abrangente e analisá-los à luz dos fatores sociais, econômicos, pedagógicos.

Ao lado dessa concepção, devo destacar que os dados foram colhidos no ambiente natural dos sujeitos, onde fui, como pesquisadora, o principal instrumento, o que evidencia a característica denominada "naturalística" de que se reveste a pesquisa qualitativa.

A opção pelo Estudo de Caso Qualitativo deveu-se às características que esse tipo de investigação apresenta como adequadas à observação e análise da realidade de forma natural, complexa e atualizada.

Entre essas características, enfatizo a

> interpretação em contexto, em que a manifestação geral de um problema, as ações, as percepções, os comportamentos e as interações das pessoas devem ser relacionados à situação específica onde ocorrem ou à problemática determinada a que estão ligados. (André e Lüdke, 1986, pp. 18-19)

Vale ressaltar, ainda, a possibilidade fornecida pelo Estudo de Caso em retratar a realidade de forma completa e profunda, revelando a multiplicidade de dimensões que compõem uma determinada situação ou problema, focalizando-o como um todo e evidenciando sua complexidade e a inter-relação de seus componentes, na medida em que o pesquisador pode se valer de uma larga variedade de informações provenientes de fontes diversas, permitindo-lhe o cruzamento de dados, confirmação ou rejeição de hipóteses, descoberta de novos dados, criação de questões alternativas.

Como muito bem coloca Mere Abramowicz:

> Outra característica do Estudo de Caso é o privilegiamento da interpretação em contexto. Tenta-se apreciar uma prática em uma dada situação, observando os efeitos, contextualmente. O que se leva em conta, no Estudo de Caso, é o cenário da

> situação analisada como um todo abrangente onde o contexto tem uma função integradora e deve ser considerado, pois ele é único. (1990, p. 40)

Outro aspecto que contribuiu para o privilégio do Estudo de Caso na realização deste trabalho foi a sua característica de proporcionar ao leitor a verificação de sua experiência vicária, baseada em experiências anteriores, permitindo-lhe realizar generalizações e/ou analogias, no momento em que procura relacionar fatos evidenciados no estudo com fatos que são decorrentes de suas próprias vivências.

No desenvolvimento do Estudo de Caso é fundamental que não haja limites no uso de técnicas. Quanto mais diversificadas forem as técnicas, mais completos serão os dados obtidos, uma vez que representam as práticas sociais encaradas não só como partes da realidade, mas imersas no seu contexto de produção e interação. Desse modo, procuro desenvolver aqui as seguintes técnicas de coletas de informações:

- Observação Direta e continuada como meio essencial para a verificação de acontecimentos, práticas e narrativas ocorridos no fenômeno estudado.
- Entrevista como técnica adequada para o conhecimento geral do contexto social em estudo; seu caráter interativo permite a captação imediata e corrente da informação desejada, aprofundando pontos levantados por outras técnicas de coleta, além de permitir o conhecimento do ponto de vista do entrevistado.
- Análise Documental através de consultas aos registros produzidos no local do estudo e documentos institucionais que permitam a fundamentação de afirmação e declaração feitas e a complementação de informações obtidas por outras técnicas de coleta.

População e sujeitos

A realização de uma investigação cujos objetivos englobam questões complexas, como as de gestão democrática em educação e a relação escola-comunidade, requereu que a escola-alvo do estudo tivesse esses objetivos, o que encontrei na Escola de 1º e 2º Graus "Nosso Espaço". *

A Escola de 1º e 2º Graus "Nosso Espaço", fundada em 1982, já nasceu com determinantes organizacionais e filosóficas que a diferenciam das outras escolas públicas do Estado, a saber:

— Vocação para o desenvolvimento do trabalho educacional em articulação com a comunidade.
— Desenvolvimento curricular e conteúdos gerados pelas necessidades dos sujeitos do contexto social imediato.
— Prédio adequado às condições geográficas da região.
— Organização administrativa com princípios democráticos, evidenciados pela constituição do Conselho da Escola, em caráter paritário entre pais e representantes da escola, antecipando-se às determinações legais da Secretaria de Educação surgidas apenas em 1986.

Dentre as pessoas que fazem parte do que aqui considerei sujeitos na perspectiva da ação escolar, realizei um trabalho direto com:

— Diretora da escola, que foi nomeada pela Secretaria de Educação, mas que tem liderança legitimada pelos outros componentes da escola e pelos pais, por já ter

*. Nome fictício.

desenvolvido trabalho de coordenação pedagógica desde o início das atividades da escola.

— Oito professores selecionados através de critérios como: maior e menor tempo de serviço na escola; membros do Conselho de Escola; membros da Assembléia Geral; participantes em movimentos comunitários.

— Quatro funcionários da escola, selecionados pela atividade que executam: secretária da escola por estar envolvida nas ações técnico-burocráticas; responsável pela segurança; responsável pela manutenção e responsável pela merenda.

— Presidente da Associação dos Moradores do Bairro do Bengüi que pôde descrever as atividades da associação e sua relação com a escola.

— Dez alunos representantes das turmas que têm ou não participação na Assembléia Geral da Escola e no Conselho Escolar.

— Vice-diretora que é responsável pela Coordenadoria Pedagógica, que envolve os setores Técnico-Pedagógico, de Prática Docente e de Apoio Didático e que, juntamente com a Coordenadoria Administrativa e a Diretoria formam a Direção da escola.

— Oito pais de alunos, que participam ou não dos órgãos deliberativos da escola, que puderam expressar suas considerações a respeito da gestão da escola.

— Representante da Secretaria de Educação que acompanha e assessora as atividades técnico-administrativo-pedagógicas da escola.

Na população indicada, trabalhei com o universo de 34 sujeitos, representantes dos grupos acima relacionados.

O processo geral

O contato inicial foi realizado com os membros dos Departamentos de Ensino de Primeiro e Segundo Graus da Secretaria de Educação para me indicarem as escolas que apresentassem características que atendessem aos objetivos desta investigação.

As indicações apontavam para a Escola "Nosso Espaço", o que coadunava com o conhecimento que eu já tinha dela. Assim, estabeleci as fases do trabalho que em vários momentos ocorreram de forma concomitante.

> Primeira fase — Nesta fase, foi realizado um encontro com a Direção da escola, para a qual foram expostas as finalidades do trabalho e solicitada a permissão para a realização do estudo, o que foi concedido após consulta ao Conselho da Escola.
>
> Segunda fase — A seguir, iniciei a análise documental dos textos produzidos pela escola e pela Secretaria de Educação, relativos às atividades ali desenvolvidas e referentes à gestão democrática em educação, ao mesmo tempo em que elaborei os roteiros de entrevistas que foram pré-testados em escola que apresentava princípios semelhantes aos da escola em estudo.
>
> Terceira fase — Nesta fase promovi a realização das entrevistas com os sujeitos envolvidos no estudo, buscando captar a percepção de cada um deles em relação aos indicadores privilegiados. Ao mesmo tempo, realizei o trabalho de observação das práticas administrativas desenvolvidas no cotidiano da escola.
>
> Quarta fase — Análise e descrição dos fenômenos coletados.

Coleta, tratamento e análise das informações

O trabalho de coleta de informações foi realizado no período de dezembro de 1990 a outubro de 1991 nos Departamentos de Ensino de Primeiro e Segundo Graus da Secretaria de Educação do Estado do Pará, na Escola de 1º e 2º Graus "Nosso Espaço" e na sede da Associação dos Moradores do Bairro Bengüi.

Na realização das entrevistas com os informantes, utilizei o procedimento da gravação de fitas que depois foram transcritas.

Procurei garantir a representatividade dos grupos envolvidos direta ou indiretamente no trabalho da escola, entrevistando diretora, vice-diretora, professores, alunos, pais, representantes da Associação de Moradores do Bairro, funcionários da escola e representante da Secretaria de Educação. Nesse momento procurei recolher impressões e concepções dos informantes, construídas a partir da experiência vivenciada no processo de gestão educacional desenvolvido na Escola "Nosso Espaço".

De posse do material coletado nas entrevistas e na observação direta, iniciei o trabalho de análise, sem perder de vista o referencial teórico.

ASSENTANDO O ALICERCE

Quer o cientista goste ou não, sempre sua ciência se vincula a uma política. E queira-o ou não, toda política condiciona uma ciência.

Schmucler

3
A ADMINISTRAÇÃO ESCOLAR[*] NUMA PERSPECTIVA DEMOCRÁTICA

A organização escolar estruturada pela sociedade capitalista procura, em última instância, a manutenção das relações sociais de produção, refletindo as divisões sociais existentes, com tendência a perpetuá-las e acentuá-las, enfatizando, assim, a manutenção do poder da classe dominante. Sob a influência da ideologia burguesa, realiza escolhas, estabelece critérios que desfavorecem aos já desfavorecidos, excluindo de seus limites a bagagem experiencial da criança, especialmente a criança do povo, utilizando-se do autoritarismo e das práticas centralizadoras. Entretanto, como afirma Snyders:

---

*. No decorrer deste trabalho, as expressões administração escolar, gestão escolar e administração educacional têm o mesmo significado conceitual, embora alguns estudiosos as usem com significações diferenciadas.

> A escola não é o feudo da classe dominante; ela é terreno de luta entre a classe dominante e a classe explorada; ela é o terreno em que se defrontam as forças do progresso e as forças conservadoras. O que lá se passa reflete a exploração e a luta contra a exploração. A escola é simultaneamente reprodução das estruturas existentes, correia de transmissão da ideologia oficial, domesticação — mas também ameaça à ordem estabelecida e possibilidade de libertação. O seu aspecto reprodutivo não a reduz a zero: pelo contrário, marca o tipo de combate a travar, a possibilidade desse combate, que ele já foi desencadeado e que é preciso continuá-lo. É esta dualidade, característica da luta de classes, que institui a possibilidade objetiva de luta. (1977, pp. 105-106)

Logo, a escola não é apenas a agência que reproduz as relações sociais, mas um espaço em que a sociedade produz os elementos da sua própria contradição. É um *locus* em que as forças contraditórias, próprias do capitalismo, se defrontam. Na medida em que a educação é dialética e assume formas de regulação ou libertação, a escola é arena onde os grupos sociais lutam por legitimidade e poder.

A escola é um espaço de livre circulação de ideologias onde a classe dominante espalha suas concepções, ao mesmo tempo que permite a ação dos intelectuais orgânicos rumo ao desenvolvimento de práticas educacionais em busca da democratização.

A escola, como uma instituição que deve procurar a socialização do saber, da ciência, da técnica e das artes produzidas socialmente, deve estar comprometida politicamente e ser capaz de interpretar as carências reveladas pela sociedade, direcionando essas necessidades em função de princípios educativos capazes de responder às demandas sociais.

A questão da democratização da escola tem sido analisada sob três aspectos, de acordo com a percepção dos órgãos oficiais ou na perspectiva dos educadores, especialmente daqueles que fazem uma análise mais crítica do processo educacional: democratização como ampliação do acesso à instituição educacional; democratização dos processos pedagógicos e democratização dos processos administrativos.

Os órgãos oficiais entendem a democratização do ensino como a facilidade de acesso à escola pelas camadas mais pobres da população. Para tal, desenvolvem programas que têm como principal objetivo o aumento do número de vagas, com a construção de salas de aula e escolas, garantindo o seu discurso de universalização do ensino. No entanto, na prática, não atentam para as condições mínimas necessárias para a efetivação desse processo "democrático", não oferecendo salário digno aos professores e condições de trabalho favoráveis ao ensino e à aprendizagem.

Os educadores encaram a democratização como o desenvolvimento de processos pedagógicos que permitam a permanência do educando no sistema escolar, através da ampliação de oportunidades educacionais.

Outra via para a democratização do ensino, segundo os educadores, passa pelas mudanças nos processos administrativos no âmbito do sistema escolar, vislumbradas através da participação de professores e pais nas decisões tomadas, eleições para cargos diretivos, assembléias e eliminação das vias burocráticas.

Compreender que o processo de democratização da escola passa necessariamente pelo atendimento desses três aspectos é fundamental. Entretanto, optei pela democratização dos processos no interior da escola e como esta pode se organizar, para aprofundar a questão, incluindo sua relação com seu contexto social imediato, procurando preservar a visão de totalidade aqui implicada.

Entendo ainda que, para nos apropriarmos dos fundamentos que alicerçam a gestão democrática, havemos de buscar o conhecimento das características evidenciadas pela administração escolar no seu processo evolutivo. É o que farei a seguir.

O conceito de administração escolar e seus paradigmas

Esta análise procura demonstrar que a administração escolar ou da educação tem seus fundamentos gerais na Teoria Geral da Administração.

Historicamente, a teoria administrativa do século XX desenvolveu-se através de três escolas: a clássica, a psicossocial e a contemporânea.

A escola clássica, no bojo da consolidação da Revolução Industrial no início deste século, foi representada por meio de três movimentos: a administração científica de Taylor, a administração geral de Fayol e a administração burocrática originada de uma disfunção da racionalidade de Weber. Esses movimentos têm mantido seus princípios presentes nas práticas administrativas atuais.

Frederick W. Taylor, criador da administração científica, mostra claramente as intenções do capital quando se preocupa com o controle e a racionalização do trabalho.

Taylor estabeleceu o controle do trabalho como essencial para a gerência, produzindo uma nova forma de organização em que havia a necessidade de um trabalhador responsável pelo planejamento e controle das atividades: o administrador, cuja ação passou a garantir ao capitalista um poder maior sobre os trabalhadores.

Vitor Henrique Paro explica essa assertiva:

> ...Embora com matizes variadas, que servem para encobrir suas reais dimensões e visam atender às necessidades de justificação ideológica do momento, a gerência enquanto controle do trabalho alheio, através da apropriação do saber e do cerceamento da vontade do trabalhador, encontra-se permanentemente presente na teoria e na prática da administração em nossa sociedade, perpassando as diferentes, "escolas" e "correntes" da administração neste século. (1990, p. 65)

O segundo movimento da escola clássica aponta como bases para a Teoria da Administração, segundo Henri Fayol, os princípios da divisão do trabalho, autoridade, disciplina, unidade de comando, unidade de direção, subordinação de interesses individuais aos interesses gerais, remuneração, centralização, hierarquia, ordem, eqüidade, estabilidade no quadro de pessoal, iniciativa, espírito de solidariedade e lealdade que constituem um dos modelos da estrutura capitalista.

A perspectiva de Fayol, no dizer de Maria de Fátima Costa Félix, é perfeita para que

> a integração entre o saber técnico e a forma de organização do processo produtivo permita a combinação, no interior da empresa capitalista, do processo de desvalorização do trabalhador, da automização dos produtos com a subordinação de seu produtor. (1986, p. 43)

No terceiro movimento da escola clássica da administração surge a chamada administração burocrática, como uma disfunção do princípio de racionalização elaborada por Max Weber:

> Estrutura burocrática pressupõe o surgimento paralelo da concentração dos meios materiais nas mãos dos chefes. Isso se dá nas empresas capitalistas privadas que apresentam essa característica. (1974, p. 48)

A organização do trabalho e do capital na estrutura burocrática reforça a separação entre planejamento e execução, trabalho manual e intelectual, intensificando a dominação do capital sobre o trabalho, dada a sua extensão a todos os níveis da atividade humana.

A eficiência é o critério administrativo desta "escola", que significa a capacidade real de produzir o máximo com o mínimo de recursos, energia e tempo, ou seja, a produtividade. Desse modo,

> é eficiente aquele que produz o máximo com o mínimo de desperdício de custo e de esforço, ou seja, aquele que na sua atuação apresenta uma elevada relação produto/insumo. (Sander, 1982, p. 11)

Para se contrapor ao critério da eficiência econômica trazida pela escola clássica de administração, surge a escola psicossocial, a partir da década de 1920, baseada no movimento das relações humanas de Mayo, Roethliesberger e Dickson e no comportamento administrativo de Barnard e Simon.

Beno Sander explica que

> os protagonistas da escola psicossocial concebem a organização como um sistema orgânico e natural, em que a administração se preocupa com a integração funcional de seus elementos componentes à luz do critério de *eficácia técnica* aliado ao da *eficiência técnica.* (1982, p. 9 — grifos no original)

Barnard concebia o administrador como o agente integrador que procura obter melhores resultados na produção institucional, através da eficiência. Simon vê a organização como um sistema de decisões em cujo centro encontra-se o homem administrador como decisor, em contraponto ao homem econômico da escola clássica. Assim sendo, a administração tem a função de regular o processo de decisões à luz dos critérios de eficiência e eficácia.

Esta "escola" avança um pouco quanto ao que propõem Taylor e Fayol. No entanto, continua insistindo na ordem, no equilíbrio, na harmonia, na integração, enfim, no consenso em função dos objetivos organizacionais da sociedade.

No sistema educacional, a eficácia da administração preocupa-se com a consecução dos objetivos intrinsecamente vinculados aos aspectos pedagógicos propriamente ditos e a capacidade administrativa será medida pelo alcance dos objetivos educacionais propostos. Desse modo, a eficácia, por ser um critério intrínseco ao sistema educacional, sobrepõe-se ao critério da eficiência que lhe é extrínseco.

O critério de efetividade, definido pelos teóricos da escola contemporânea, consiste na mensuração da capacidade de produzir a solução ou resposta desejada, o que supõe um compromisso real e verdadeiro com os objetivos sociais e as demandas políticas da comunidade.

A efetividade, tentando superar as limitações da eficiência associada à produtividade interna das organizações e da eficácia comprometida com a consecução dos objetivos educacionais,

> se refere a objetivos mais amplos de eqüidade e desenvolvimento econômico social. (Motta, 1972, p. 42)

A efetividade, como critério de desempenho que mede a capacidade de encontrar a solução ou resposta desejada pelos participantes da comunidade, tem como preocupação fundamental a promoção do desenvolvimento socioeconômico e a melhoria das condições de vida humana.

Ao se aplicar o conceito da efetividade à administração de educação, tem-se como perspectiva a consecução de objetivos sociais mais amplos externos ao sistema educacional, que supera sua pretensa neutralidade científica, enfatizada pelos critérios de desempenho político da administração da educação, revelando a capacidade de responder e atuar de forma real em função do atendimento às demandas externas de natureza polítíca do sistema educacional.

Desse modo, a efetividade se sobrepõe à eficiência, devido à sua abrangência que alcança movimentos sociais mais amplos, indo além de suas metas internas.

No final da década de 1970 e no início da década de 1980, com a instabilidade econômica e política em nível internacional começaram a surgir questionamentos que ensejaram novas perspectivas teóricas no âmbito da administração. Surgiram teorias administrativas críticas que têm sua base na fenomenologia, no existencialismo, no método dialético e nas abordagens de ação e que estabelecem como critério-chave na orientação dos atos e fatos administrativos a "relevância humana", em que são analisados os critérios de eficiência, eficácia e efetividade na administração.

O critério da relevância humana tem um desempenho filosófico e antropológico que implica a articulação definida, significativa e lógica entre duas realidades: de um lado a administração e de outro a qualidade de vida humana dos participantes, qualidade essa que está definida de acordo com as próprias opções existenciais.

A relevância humana é um critério eticamente filosófico e antropológico, cuja medida se dá em termos do significado, do valor, da importância e da pertinência dos atos e fatos administrativos para a vida dos participantes.

Apenas uma teoria de administração concebida a partir da experiência real é que permitirá a percepção e a interpretação desses significados.

No sistema educacional, a concepção teórica do critério de relevância está em função direta com a postura participativa dos responsáveis pela sua administração. Desse modo, quanto mais participativo, solidário e democrático for o processo administrativo, maiores as possibilidades de que seja relevante para indivíduos e grupos e também maiores as probabilidades para explicar e promover a qualidade de vida humana necessária. O papel da administração da educação aí, será o de coodernar a ação dos diferentes componentes do sistema educacional, sem perder de vista a especificidade de suas características e de seus valores de modo que a plena realização de indivíduos e grupos seja efetivada.

A teoria administrativa educacional no Brasil

A administração escolar como disciplina e prática administrativa, por não ter ainda construído o seu corpo teórico próprio, demonstra em seu conteúdo as características das diferentes escolas da administração de empresas. Percebe-se, assim, a aplicação dessas teorias à atividade específica da educação, havendo, portanto, uma relação estreita entre a administração escolar e a administração de empresas.

Os condicionantes que determinam a relação constatada são vistos pelos teóricos da administração de empresas como conseqüência de estudos e pesquisas aí realizados e cujos resultados satisfatórios nas empresas da sociedade capitalista concorrem para a sua aplicação nas demais organizações.

Ao lado disso, os teóricos da administração escolar, na busca de um grau de cientificidade necessário para comprovar a importância desta disciplina, procuram utilizar-se das teorias da administração de empresas, entendendo que aí encontram fundamentação teórica capaz de promover o funcionamento da organização escolar de acordo com as expectativas da sociedade.

No Brasil, a tendência de adotar os pressupostos da administração de empresas para a educação fica clara quando José Querino Ribeiro, um dos primeiros teóricos da administração escolar brasileira afirma que:

> a complexidade alcançada pela escola, exigindo-lhe cada vez mais unidade de objetivos e racionalização do seu funcionamento, levou-a a que ela se inspirasse nos estudos de Administração em que o Estado e as empresas privadas encontraram elementos para renovar suas dificuldades decorrentes do progresso social. Sendo evidente a semelhança de fatores que criam a necessidade de estudos de administração pública ou privada, a escola teve apenas de adaptá-las à sua realidade. Assim, a Administração Escolar encontra seu último fundamento nos estudos gerais de Administração. (1978, p. 59)

Percebem-se, aqui, dois aspectos concomitantes no processo administrativo: de um lado, os teóricos da administração de empresas esforçando-se em construir uma teoria que, generalizada, seja aplicável na administração de quaisquer organizações e, por outro lado, os teóricos da administração escolar tentando validar suas proposições teóricas em bases científicas, a partir das teorias da administração de empresas e assim assegurar os mesmos padrões de eficiência e racionalização alcançados pelas empresas.

Os pressupostos básicos que estão apoiando as posições assumidas pelos teóricos de administração de empresas e escolar são dois:

1. As organizações, mesmo com objetivos diferentes, são semelhantes e, portanto, suas estruturas são similares e, como tais, os princípios administrativos podem ser os mesmos, desde que sejam feitas as devidas adaptações para o alcance de suas metas — "generalidade".
2. A organização escolar e o sistema escolar como um todo precisam adotar métodos e técnicas de administração que garantam a sua eficiência e atendam aos objetivos estabelecidos pela sociedade — "racionalidade".

O pressuposto da generalidade, adotado pelos teóricos da administração geral, é corroborado na afirmação, por exemplo, de Querino Ribeiro:

> Estamos de acordo com Prihoda e Doltrens no que concerne à conveniência do aproveitamento do taylor-faylorismo para a formulação de problemas escolares; com Sears, quanto à necessidade de se construir uma teoria da Administração Escolar; com Moheman quanto à condição meramente instrumental da Administração Escolar no sentido de que sua função principal é a de ajustamento das atividades de escolarização à filosofia e à política de educação. (1978, p. 95)

Entretanto, é necessário esclarecer que a similaridade das organizações é resultado da relação que há entre a estrutura econômica da sociedade capitalista e a sua superestrutura jurídico-político-cultural; a generalidade das teorias da administração de empresas não é resultado do desenvolvimento dos seus estudos capaz de determinar a elaboração de uma teoria que englobe toda a realidade prática administrativa da organização, qualquer que seja a sua natureza.

> É a elaboração das teorias da Administração no bojo do capitalismo que determina a sua aplicação generalizada na maior parte das organizações, cujos padrões de eficiência, racionalização, produtividade são determinados, também, pelo próprio modo de produção capitalista. Nesse sentido o que se genera-

> liza é o modo de organização na sociedade capitalista que é legitimado pelas teorias da administração que buscam comprovar 'cientificamente', que este é o modo mais correto e adequado de organizar e administrar. (Félix, 1986, p. 76)

Ao lado do princípio da generalidade, difundida pelos teóricos da administração de empresas e acatado pelos teóricos da administração escolar, está outro pressuposto que conta com os mesmos privilégios: "a racionalidade técnica" diretamente ligada à racionalidade econômica que significa a combinação de meios eficazes para obter resultados previstos e desejados e que é entendida pelos técnicos em administração como a adequação entre os meios e os fins.

A utilização desse pressuposto está articulada às determinações socioeconômicas, e, portanto, usada como elemento de manutenção do modo de produção capitalista, porque é um instrumento de expansão do capitalismo.

As análises da maioria dos especialistas em educação não apontam a evidência de que a relação entre a administração de empresas e a administração escolar é o resultado de uma situação historicamente determinada pelo modo de produção capitalista.

> Nesse sentido, são adotados os pressupostos da eficiência na consecução dos objetivos educacionais "socialmente" definidos, sem que se proceda a uma análise de determinação concreta desses pressupostos no sistema escolar da sociedade capitalista. (Félix, 1986, p. 85)

Outra forma de encarar a administração escolar aparece sob a perspectiva sistêmica, em que as questões internas do aperfeiçoamento da estrutura do sistema escolar estão voltadas para o alcance do equilíbrio interno e externo, determinando assim a sua eficiência pelo alcance dos objetivos definidos pela sociedade, o que demonstra ter a escola cumprido a sua função social.

A identificação da escola como um sistema social aberto, classificada de acordo com a sua função na sociedade e a adoção de nomenclatura da informática, representada pelos termos *input* (entrada), *output* (saída), processo, produto, *feedback* (realimentação), resulta na afirmação da racionalidade, na medida em que favorece a centralização das decisões no intuito de torná-las técnicas, a partir da lógica da razão científica, em que a interferência do subjetivismo e, portanto, dos valores não é permitida, ocultando o caráter seletivo do modelo e a não neutralidade como pretende.

A representação gráfica do sistema escolar que apresento a seguir caracteriza bem esse quadro.

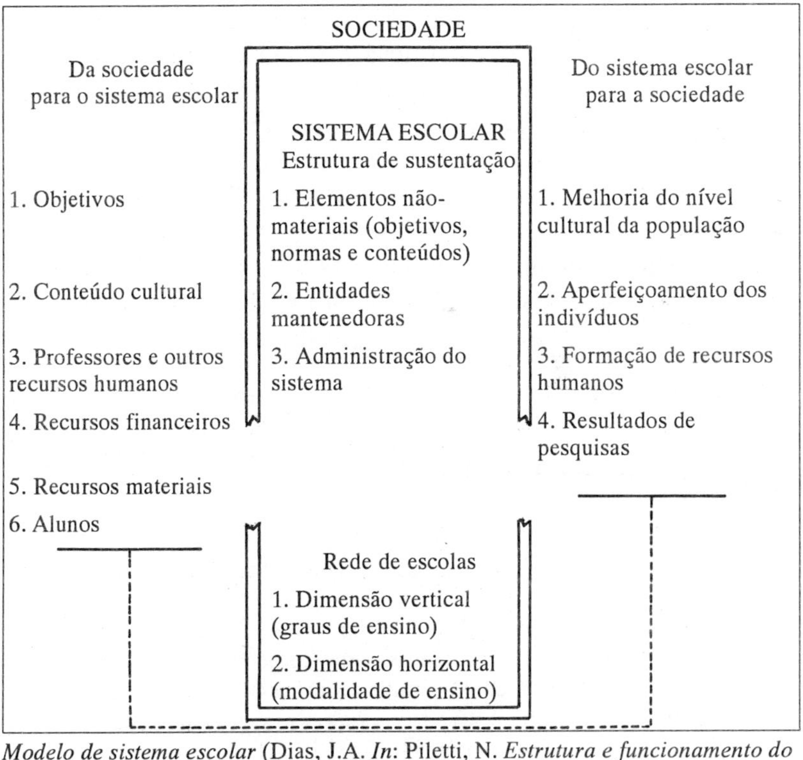

Modelo de sistema escolar (Dias, J.A. *In*: Piletti, N. *Estrutura e funcionamento do ensino de 1º grau*. 2ª ed., São Paulo, Ática, 1984, p.11).

Entendo que para uma análise da realidade educacional, a abordagem sistêmica parece insuficiente, visto que a articulação entre o sistema escolar e o "sistema social" não se dá de forma direta, uma vez que as expectativas sociais são criadas pelo modo de produção capitalista e mediadas pelas instituições jurídico-políticas e culturais e definidas a partir da inserção da organização escolar em seu contexto social, político e econômico, portanto, nas sua relações com a totalidade. Desse modo, ao enfoque sistêmico carece o essencial que permite a análise da realidade: a "totalidade" e a "concreticidade".

Na abordagem sistêmica encontra-se subjacente a idéia da manutenção do *status quo*, quando ratifica os imperativos funcionais de Parsons: adaptação, consecução de objetivos, integração, manutenção estrutural e ainda quando indica uma integração entre os subsistemas que compõem o sistema maior. Entretanto, esta concepção costuma ser apresentada como característica predominante dos sistemas com flexibilidade, dinamicidade e tendência para a inovação. Constata-se aí uma contradição: as relações entre estrutura e superestruturas, por se fundarem no antagonismo das classes sociais, não são relações mecânicas, mas de produção, o que não se coaduna com a característica de manutenção do equilíbrio externo.

Outro aspecto sempre presente na administração escolar brasileira é a burocracia, fundamentada no saber técnico e na especialização que garantiriam maior racionalidade e conseqüentemente realizariam maior controle.

> Assim, a principal função da Administração Escolar é, tornando o sistema escolar cada vez mais uma estrutura burocrática, permitir ao Estado um controle maior sobre a educação, para adequá-la ao projeto de desenvolvimento econômico do país, descaracterizando-a como atividade humana específica, submetendo-a a uma avaliação cujo critério é a produtividade, no sentido que lhe atribui a sociedade capitalista. (Félix, 1986, p. 176)

A administração escolar, no cenário do sistema capitalista, não é, portanto, uma função que tenha autonomia em relação ao contexto econômico, político e social, na medida em que os diretores de escola não participam do planejamento da educação, não organizam as atividades técnico-pedagógicas, assim como não estão envolvidos na formulação da política educacional.

Claro está que não pretendo negar a importância e a contribuição dos teóricos a partir de Taylor até os contemporâneos, com a compreensão de seu caráter histórico, direcionado aos interesses específicos delineados como *bem comum*.

Entretanto, são as limitações que a teoria geral da administração impõe à teoria da administração da educação, submetida à condição de ciência aplicada, que exigem dos administradores educacionais urgência no sentido de promover a retomada crítica de suas bases para (re) descobrir a parcialidade de suas práticas, sentir-se historicamente situada e, de posse dessa consciência, inserir-se na totalidade e na concreticidade e poder assim desenvolver sua função crítica de desvelamento do discurso ideológico e passar do nível de controle e conformismo, alcançando a marca desejável de libertadora.

Para assumir sua função crítica, a teoria da administração escolar deve atentar para alguns pressupostos indispensáveis: inicialmente, a retomada da especificidade da administração, vinculada à natureza da educação, uma vez que o evidenciamento de sua ação política, que envolve a totalidade das relações sociais é compreendida dialeticamente.

Há que se atentar para o fato de que a natureza do processo educativo não se confunde com a natureza do processo produtivo:

> Longe de possuir a lógica da empresa, a organização escolar compreendida dialeticamente não se fundamenta na racionalidade funcional, na hierarquia, na objetividade, na impessoalidade, cujo objetivo é a exploração do trabalho alienado. Sem desconsiderar suas características reprodutoras, a escola, contraditoriamente, pode buscar conhecimento através da relação sujeito-objeto, entendida como processo personalizado, que se dá entre homens independentes, em que se busca a transformação. (Zung, 1984, p. 46)

A concepção educacional como processo de "socialização", compreendido como a produção e a reprodução das relações sociais, tendo em vista apenas o ajustamento e a conversão, admite a lógica da empresa capitalista: a autonomia, a neutralidade, a parcialidade.

Mas, ao aceitar a possibilidade de transformação ante as contradições do processo educativo, surge a politização da ação administrativa, resultante da sua imersão na totalidade; e a democratização do saber, negando a divisão entre teóricos e executores, passa a aceitar a formação do educador político pronto para assumir sua função política. A rejeição à dicotomia fará educadores conscientes de que não há verdade geral, mas verdades históricas, socialmente construídas, parciais e provisórias.

A reconceitualização da teoria como um conjunto de proposições resultantes do confronto do sujeito com o objeto numa dada situação reconhece a teoria como parcial, dinâmica, histórica, sem proprietários monopolizadores, mas elaborada por todos os que participam da ação, considerando o administrador como um educador que se preocupa com a organização do trabalho escolar, como um coordenador de homens independentes, capazes de decidir juntos sua ação.

Democratização das relações organizativas no interior da escola

A gestão democrática em educação está intimamente articulada ao compromisso sociopolítico com os interesses reais e coletivos, de classe, dos trabalhadores, extrapolando as batalhas internas da educação institucionalizada, e sua solução está condicionada à questão da distribuição e apropriação da riqueza e dos benefícios que transcendem os limites da ação da escola.

A escola tem uma contribuição indispensável e insubstituível, embora limitada, a dar para a afirmação histórica das classes populares, na medida em que pode favorecer a ampliação da compreensão do mundo, de si mesmo, dos outros e das relações sociais, essencial para a construção da sua presença histórica, responsável e consciente, no exercício concreto da cidadania.

A possibilidade de uma ação administrativa na perspectiva de construção coletiva exige a participação de toda a comunidade escolar nas decisões do processo educativo, o que resultará na democratização das relações que se desenvolvem na escola, contribuindo para o aperfeiçoamento administrativo-pedagógico.

Há, então, uma exigência ao administrador-educador de que ele compreenda a dimensão política de sua ação administrativa respaldada na ação participativa, rompendo com a rotina alienada do mando impessoal e racionalizado da burocracia que permeia a dominação das organizações modernas. É a recuperação urgente do papel do diretor-educador na liderança do processo educativo.

É preciso explicitar os pressupostos básicos da necessidade de uma nova prática administrativa. A dimensão política do educador-administrador traduz-se no compromisso com uma ação educativa revolucionária que,

> quer pela transmissão de um saber objetivo, quer pela promoção de uma consciência crítica da realidade social, visa precisamente servir de instrumento de superação da dominação e da exploração vigentes na sociedade (Paro, 1990, pp. 150-151)

que lhe dá condições de inserir a organização escolar em seu contexto social, político e econômico, portanto, nas suas relações com a totalidade e assim fortalecer a classe trabalhadora, potencializando a sua ação política, na medida em que possibilita a apropriação e a construção do saber e o desenvolvimento da consciência crítica.

A administração e o planejamento participativos baseiam-se teoricamente no movimento anarquista francês surgido no século passado, fundamentado nos princípios da autogestão que prega, entre outras idéias, a eliminação da autoridade constituída e a defesa da assembléia como única autoridade; a eliminação da propriedade privada e da propriedade de "cargos"; a eliminação do conceito do individual e a criação do conceito pleno de coletividade; a eliminação do binômio dirigentes e dirigidos etc.

Entretanto, os que defendem a administração participativa têm como objetivos quatro pontos essenciais:

a) a extração do autoritarismo centralizador;
b) a diminuição da divisão do trabalho que reforça as diferenças e os distanciamentos entre os segmentos sociais;
c) a eliminação do binômio dirigentes e dirigidos;
d) a participação efetiva dos diferentes segmentos sociais na tomada de decisões, conscientizando a todos de que são os autores da história que se faz no dia-a-dia.

Através da administração participativa, o indivíduo passa a assumir a responsabilidade de suas ações, com o poder para influir sobre o conteúdo e a organização dessas atividades.

O principal instrumento da administração participativa é o planejamento participativo, que pressupõe uma deliberada construção do futuro, do qual participam os diferentes segmentos de uma instituição, cada um com sua ótica, seus valores e seus anseios, que, com o poder de decisão, estabelecerão uma política para essa instituição, com a clareza de que são ao mesmo tempo autores e objetos dessa política, que deve estar em permanente debate, reflexão, problematização, estudo, aplicação, avaliação e reformulação, em função das próprias mudanças sociais e institucionais.

Assim sendo, o planejamento participativo constitui-se num processo político.

> Um contínuo propósito coletivo, uma deliberada e amplamente discutida construção do futuro da comunidade. (Ferreira, 1979, p. 31)

Significa um processo político vinculado à decisão da maioria, tomada pela maioria, em benefício da maioria.

Compreendo que a administração participativa não ocorrerá espontaneamente. No âmbito da escola, especificamente, é necessário que seja provocada, procurada, vivida e apreendida por todos os que pertencem à comunidade escolar — diretores, técnicos, professores, alunos, funcionários, pais, comunidade em geral.

> A grande riqueza da participação de todos está na medida em que cada grupo ou cada pessoa traz para o grupo as suas percepções sobre a realidade que o cerca quando os objetivos definidos e os planos de ação estão impregnados dessas diferentes percepções. (Pellegrini, 1986, p. 127)

Na perspectiva de uma gestão democrática, idéias e comportamentos novos surgem, nos quais precisa-se acreditar e adotar:

1. O diretor é aquele que está na liderança, a serviço da comunidade escolar para o alcance de suas finalidades.
2. Os especialistas (supervisor, orientador, diretor) são possuidores de um conhecimento específico em uma área, assim como cada professor o é; o trabalho coletivo dessas diferentes especialidades na escola é que provocará mudanças.
3. A expectativa que alunos, pais, comunidade têm em relação à escola é uma dimensão que não pode ser ignorada e sim conhecida para ser atendida.
4. Os indivíduos precisam assumir as responsabilidades de suas atividades, sem que alguém lhes diga sempre o que e como fazer. Não pode, pois, existir a dicotomia — uns pensam, outros executam —, mas todos precisam ter e desenvolver o compromisso político próprio do ato educativo.
5. O individualismo, a desconfiança, a acomodação e o egoísmo devem ceder lugar ao sentido coletivo da crítica e autocrítica, do direito e do dever, da responsabilidade social frente ao ato educativo.
6. O comando, por ser sensível às necessidades e aos interesses dos diversos grupos, agiliza o confronto dos mesmos, resultando em ações criadoras.
7. A gestão da escola passa a ser, então, o resultado do exercício de todos os componentes da comunidade escolar, sempre na busca do alcance das metas estabelecidas pelo projeto político-pedagógico construído coletivamente.

A participação é um direito e um dever de todos que integram uma sociedade democrática, ou seja, participação e democracia são dois conceitos estreitamente associados. Nesse contexto, é possível examinar o papel histórico da educação e do conhecimento científico em geral.

Assim, a escola como instituição social tem a possibilidade de construir a democracia como forma política de convivência humana.

Entretanto, o diretor de escola tem como funções básicas as ações de organizar e administrar, tendo em vista as orientações superiores, atribuindo a todo e qualquer problema uma dimensão puramente administrativa isolando-o do todo social que é de onde provêm suas causas, ignorando suas implicações pedagógicas.

O entendimento de que a principal função do administrador escolar é realizar uma liderança política, cultural e pedagógica, sem perder de vista a competência técnica para administrar a instituição que dirige, demonstra que o diretor e a escola contam com possibilidades de, em cumprimento com a legislação que os rege, usar sua criatividade e colocar o processo administrativo a serviço do pedagógico e assim facilitar a elaboração de projetos educacionais que sejam resultantes de uma construção coletiva dos componentes da escola. Apresento, a seguir, o que no meu entender constituem-se em possibilidades:

Regimento Escolar

Como instrumento de organização administrativa e pedagógica, o Regimento Escolar deve expressar o estágio da consciência da comunidade onde está sendo aplicado. Deverá, portanto, ser a fiel expressão de uma escola livre e democrática a serviço dos interesses da maioria da população, como requer a sociedade atual. Como tal, deve surgir da discussão e da participação consciente de todos os segmentos da escola e assim ser legitimado, deixando de ser um documento nascido de imposições legais. Assim, a reformulação do Regimento Escolar, contendo as intenções, os princípios e os pressupostos pedagógicos transformados em programas e planos, deve ser estimulada e apoiada pela direção, tornando-se, então, um instrumento de participação coletiva consciente, o que garante a sua legitimidade, refletindo a maturidade política de seus integrantes e expressando suas necessidades e interesses. Isso requer:

— a vontade política de mudar. Esta vontade pressupõe a superação de comodismo, acomodação ou apatia;
— a abertura de canais e espaços para que todos expressem, de forma livre e crítica, suas posições e propostas na formulação dos novos rumos que a comunidade quer adotar.

Calendário Escolar

A legislação de ensino estabelece em seus dispositivos que:

> O ano e o semestre letivos, independentemente do ano civil, terão no *mínimo* 180 e 90 dias de trabalho escolar efetivo, respectivamente, excluído o tempo reservado às provas finais, caso estas sejam adotadas. (Lei 5692/71. Art. 11 — grifo nosso)

Não estabelece seu início e término, tampouco demarca o período de férias.

A Lei diz ainda que:

> O ensino de 1º grau terá a duração de oito anos letivos e compreenderá, anualmente, pelo *menos* 720 horas de atividades. O ensino de 2º grau terá a duração mínima de 2.200 (duas mil e duzentas) horas de trabalho escolar efetivo e será desenvolvido em *pelo menos* três séries anuais. (Lei nº 5692/71. Arts. 18 e 22, alterados pela Lei 7044/82 — grifos nossos)

Diante dessas determinações, a escola parece ter alguma autonomia de, coletivamente, montar seu calendário e seu horário de modo que, não fugindo ao que está legalmente estabelecido, possibilite melhores condições de ensino e aproveitamento do tempo escolar, que atenda às necessidades de sua comunidade e permita aos seus profissionais a elaboração e o desenvolvimento de programas de trabalho mais abrangentes.

Organização Curricular

> Os currículos de ensino de 1º e 2º graus terão um núcleo comum, obrigatório em âmbito nacional e uma parte diversificada para *atender, conforme as necessidades locais, os planos dos estabelecimentos de ensino e as diferenças individuais dos alunos.* (Lei nº 5692/71, Art 4º alt. pela Lei 7044/82 — grifos nossos)

Assim, o diretor da escola, junto com a equipe que ali trabalha, pode e deve elaborar e desenvolver uma proposta curricular

> na perspectiva crítica, no trabalhar com a construção do conhecimento, no ato mesmo de ensinar, em que a criatividade dos professores e dos alunos esteja voltada para a produção de um conhecimento emergente da cultura e da realidade em que estiver inserida. (Nelli Silva, 1990, p. 16)

Essa concepção de currículo ultrapassa a dimensão legislativa, de mera relação de matérias que ignora as demais ações educativas; opõe-se ao entendimento de currículo como sinônimo de "pacotes pedagógicos", numa perspectiva dinâmica que se faz e refaz através de três segmentos: a escola (professores, alunos, funcionários, famílias), a comunidade (pessoas da área de influência da escola, grupos organizados) e especialistas nas áreas do conhecimento (professores das universidades e especialistas das equipes pedagógicas).

Conselho Escolar como elemento da gestão democrática

A partir do início da década de 1980, com a chamada transição democrática, a sociedade brasileira delineou um novo quadro de mobilização e organização social, suficientemente amplo para provocar mudanças nas relações de poder em todas as áreas, inclusive na educação. Essas mudanças exigiram o redimensionamento de toda a comunidade escolar, nos processos de tomada de decisões, tornando-se, assim, o principal elemento de democratização no espaço escolar.

A educação escolar constitui um dos instrumentos de consecução de uma sociedade democrática, na medida em que universaliza o saber sistematizado, fundamental para o exercício da cidadania.

Esse objetivo postula o desenvolvimento de uma concepção de educação que vise não apenas a integração do educando na sociedade, mas a sua formação integral como cidadão e agente transformador do processo contínuo capaz de possibilitar-lhe o desenvolvimento de sua criatividade e de sua capacidade de crítica que o leve a participar ativamente do processo sociopolítico-cultural-educacional.

Dentro dessa concepção, as metas, estratégias e relações nas escolas deverão ser repensadas, na busca da democratização do ensino, no sentido da socialização das decisões caracterizadas pelo pluralismo de idéias em nível cultural e político.

A criação do Conselho Escolar, diante deste contexto, torna-se fundamental, pois o processo de discussão nas comunidades escolares implanta a ação conjunta com a co-responsabilidade de todos no processo educativo. Através deste mecanismo de ação coletiva é que efetivamente serão canalizados os esforços da comunidade escolar em direção à renovação da escola, na busca da melhoria do ensino e de uma sociedade humana mais democrática.

Por meio dessa modalidade de administração participativa, ocorre a extinção do autoritarismo centralizado, a eliminação da diferença entre dirigentes e dirigidos, a participação efetiva dos diferentes segmentos na tomada de decisões, alcançando-se assim o fortalecimento do líder da escola em relação às normas emanadas dos órgãos administrativos centrais.

4
A RELAÇÃO ESCOLA-COMUNIDADE

A necessidade de promover a articulação entre a escola e a comunidade a que serve é fundamental. O entendimento de que a escola não é um órgão isolado do contexto global de que faz parte, deve estar presente no processo de organização de modo que as ações a serem desenvolvidas estejam voltadas para as necessidades comunitárias.

Além de se cobrar o conhecimento técnico-científico, a compreensão crítica da política educacional e do funcionamento da sociedade a serviço da comunidade escolar, há que estar ainda alerta à dimensão educativa das organizações populares em suas relações com a escola, através do conhecimento da movimentação política da comunidade em que está inserida. Neste sentido, é preciso compreender as concepções de comunidade e as relações que a escola estabelece com seu contexto social imediato.

As concepções de comunidade

Segundo os sociólogos, é difícil definir comunidade. A partir de alguns conceitos, farei a opção por um que seja aplicável no campo educacional.

Tonnies, em seus estudos dos tipos básicos de grupos sociais e seus sistemas de classificação, considera que a comunidade se desenvolve a partir da família e encontra sua expressão mais perfeita na aldeia, embora a pequena cidade também seja uma comunidade, já que pode se caracterizar como confiante, afetiva, íntima, que vive exclusivamente junto. É durável e pode ser comparada a um organismo vivo e sua força coesiva reside na compreensão (consenso), baseada no conhecimento profundo uns dos outros e na homogeneidade das experiências.

Não considerando a sociedade como "um organismo vivo", mas como "a teia de relações sociais", Maciver e Page encaram a comunidade como

> um grupo, pequeno ou grande, cujos membros vivem juntos e partilham, não deste ou daquele interesse, mas das condições básicas de uma vida em comum. (1973, p. 177)

O que a caracteriza é o fato de alguém poder viver totalmente dentro dela. Sua base é a localidade, representada pela ocupação de uma área territorial fixa da qual derivam os laços de solidariedade e o sentimento de comunidade. Os moradores de um distrito de uma grande cidade, a quem faltam contatos ou interesses comuns para instilar identificação consciente com a área, têm localidade, mas não sentimentos de comunidade, constituindo-se apenas uma vizinhança.

Hans Freyer afirma que a comunidade não é uma vinculação íntima, próxima e anímica entre os homens e um objetivo expresso que os une, mas deve ser concebida como uma lei estrutural determinada da vida social, de outras ordens sociais, cujos traços essenciais seriam delineados como por

> um mundo vital, que é essencialmente unidade e que circunda os homens de um horizonte comum, reúne o grupo inteiro num grande "nós". (1973, p. 134)

É um ser de natureza própria que possui o caráter da duração e do imperecível, sem dominação (embora haja autoridade). Para ele, a época em que não existia dominação no seio do grupo em convivência é o período que pode denominar-se comunidade, no sentido mais preciso da palavra.

Para Weber, a comunidade é uma relação social que se inspira no sentido subjetivo (afetivo ou tradicional) dos partícipes da constituição de um todo.

> Uma confraria pneumática, uma relação erótica, uma relação de piedade, uma comunidade "nacional", uma tropa unida por sentimentos de camaradagem, a família (1973, p. 140)

ligada à subjetividade, portanto.

Ressaltando o aspecto ecológico, Wirth afirma que a comunidade é

> caracterizada por uma base territorial, pela distribuição em espaço de homens, instituições e atividades, pela convivência íntima baseada no parentesco e na interdependência orgânica e pela vida em comum na correspondência mútua de interesses. (1973, p. 82)

A comunidade moderna, segundo Wirth, baseia-se num princípio diferente de coesão de seus elementos constitutivos que se pode expressar nos contrastes entre parentesco x território, sentimento x interesse, *status* x contrato e costume x lei. Hoje a comunidade é capaz de ação coletiva, considerando-se o fato de que conta com tão pouco para manter-se unida. O autor, para finalizar, assinala que a base territorial constitui um dos aspectos de toda comunidade.

Uma outra abordagem do estudo da comunidade consiste em concebê-la como uma constelação de instituições, que podem ser estudadas sob o aspecto da localização e distribuição espacial das pessoas.

Para Park e Burgess, também da Escola Ecológica de Chicago, comunidade é o termo aplicado a sociedades e grupos sociais considerados do ponto de vista da distribuição geográfica dos indivíduos e instituições de que são compostos. Concluem que toda comunidade é uma sociedade, mas nem toda sociedade é uma comunidade; e um indivíduo é membro de uma comunidade menos porque nela vive e mais porque participa na vida comum da sociedade.

Cook, sociólogo dedicado ao estudo da educação, apresenta um conceito de comunidade que mostra a influência ecológica, destacando a base territorial, um certo grau de auto-suficiência e a capacidade para a ação conjugada.

Quando se trata da conceituação de comunidade específica no campo educacional, percebe-se uma grande imprecisão. Preston afirma que

> a comunidade é melhor definida para fins pedagógicos, em termos do desenvolvimento da criança, do que em termos sociológicos. (1971, p. 17)

Para Michaelis, a comunidade é o ambiente em que a criança vive e aprende (1963, p. 226). À medida que a criança amadurece, o conceito de comunidade amplia-se para compreendê-la como um bairro, depois como a cidade, o estado, uma região, o país e o mundo.

A Unesco cita como exemplo a seguir o programa oficial do ensino secundário no Irã, onde o conceito de comunidade se apresenta bastante elástico: a família, a escola, o clube esportivo, a sociedade literária, a igreja seriam comunidades complexas.

No Brasil, a aplicação do conceito de comunidade à nossa paisagem já foi colocada em dúvida, uma vez que tendo sido uma colônia de exploração dotada de terras abundantes, o povoamento brasileiro se diluiu pela grande extensão territorial, tornando grupos autônomos: a fazenda e a estância. Sendo a fazenda uma empresa, cuja função dominante é a econômica, não lhe cabe, a não ser em raros casos, o enquadramento como comunidade, mas, sim, como vizinhança.

Entretanto, em muitos pontos do País, a vizinhança está se transformando em comunidade, chegando até ao processo próximo de sua superação, provocado pela expansão da sociedade de massas nas grandes metrópoles.

O crescimento populacional, as migrações, o grande número de deslocamento da população dentro da própria metrópole, a especializacão das funções, a diversidade de interesses, a transformação de bairros tradicionais, de vida pacata, em locais de passagem, a diminuição dos pontos de encontro onde eram constantes as conversas, nas esquinas e nas calçadas, o recolhimento das pessoas aos seus apartamentos onde se expõem aos meios de comunicação de massa constituem aspectos das transformações que se estão processando. Com elas, quebram-se os laços que prendem o sempre apressado morador à área em que vive e se esvai o sentimento comunitário.

Paradoxalmente, ao mesmo tempo, muitos grupos procuram retomar essas características, no sentido de alinhavar interesses comuns aos indivíduos de uma determinada área geográfica e desenvolver ações que possibilitem o atendimento às suas necessidades.

Neste quadro, parece difícil aplicar o termo comunidade à sociedade brasileira, especialmente se esse conceito implicar um sentimento nosso, no conhecimento mútuo entre os habitantes e outras características de comunidade.

Com certeza, posso referir-me à área escolar, isto é, à extensão geográfica circunjacente de onde provêm os alunos e que constitui a região a que a escola presta seus serviços, optando pela acepção ecológica do conceito de comunidade: um grupo territorial natural no conjunto de suas relações com o meio geográfico e das condições de vida social, o contexto social mais imediato onde a escola está inserida como uma instituição a ele pertencente.

Entretanto, por acreditar na possibilidade de encontrar na metrópole grupos delimitados, em que os contatos sociais apresentam características capazes de justificar o uso do conceito de comunidade num sentido mais complexo que o puramente territorial e ecológico, associo a esse conceito a concepção de comunidade como unidade de juízo que implica em afinidades de cultura.

A articulação da escola com seu contexto social imediato

Em muitas regiões, a escola é unica ou uma das poucas entidades organizadas, o que permite ser ela transformada em centro de melhoramento comunitário. Em muitos momentos, a escola tem sido utilizada por outras instituições com este objetivo e ela mesma, em outros casos, partindo de determinados posicionamentos ante a educação e sua responsabilidade social, tem buscado um relacionamento maior com seu contexto imediato, em que passa a desempenhar novas funções.

Longe da pretensão de fazer um histórico do relacionamento escola/comunidade, menciono aqui alguns exemplos de atuação aberta da instituição escolar. A partir da Revolução Industrial, com a sua aguda problemática social, encontramos casos de mobilização da escola dentro da linha da educação comunitária ou da criação de instituições educacionais mais abertas.

Na Inglaterra temos as *settlement houses*, entidades mantidas por uma população urbana com o fim de prestar serviços educacionais, recreativos e outros, como o Instituto de Mecânica (1920), a Universidade do Povo de Sheffield (1842) e o Instituto de Trabalhadores de Brighton (1849).

Nos Estados Unidos, as escolas agrícolas tiveram um papel importante na abertura para a comunidade, como é o caso internacionalmente conhecido da Pen School (Ilha de Santa Helena, Carolina do Sul), que fechava no período de colheita para que os professores pudessem demonstrar técnicas agrícolas nos campos, lado a lado com o trabalhadores, transformando, assim, toda a ilha em escola.

Além dos países anglo-saxões, cabe ressaltar as campanhas de alfabetização de James Yen na China e de Laubach nas Filipinas, que serviram como ponto de partida para programas de desenvolvimento comunitário.

Na Dinamarca, o bispo e poeta liberal Grundtvig inspirou, a partir de 1844, a fundação de colégios populares, em que jovens de todas as classes sociais eram encorajados a educar a si mesmos e uns aos outros.

No México, a Revolução de 1920 também mobilizou amplamente a escola, com o auxílio das missões culturais. Cada missão era uma "normal ambulante", com especialistas nos setores da educação rural, fabrico de sabão, curtição, música, educação física e enfermagem, que se responsabilizavam pelo aperfeiçoamento cultural e profissional dos professores em serviço e atuavam como agência de bem-estar social, além de centro de complementação do trabalho das escolas normais.

A escola, erguida pela própria população, era conhecida como a Casa do Povo e tinha classes de manhã para crianças e de tarde e à noite para adultos. Sob a orientação das missões, os problemas comunitários eram pesquisados, promoviam-se reuniões de debates entre os professores sobre temas pedagógicos e sobre a reabilitação da comunidade. Freqüentemente, os habitantes junto com a missão empreendiam um projeto especial, como a construção de uma estrada, de um moinho de milho etc. Completado o programa de debates, elaboravam-se os projetos que, geralmente, ficavam a cargo do professor local. Com isso, as escolas normais rurais mudaram seus métodos e cursos, de modo a formar os professores como líderes potenciais do desenvolvimento comunitário.

A Turquia de Mustafá Kemal (1923-1938), por sua vez, utilizou os *halkeuleri* (Casa do Povo) como centros culturais que visavam concorrer para a transformação cultural total da área de atuação através de um programa de nove pontos: linguagem, literatura e história, belas artes, arte dramática, esportes, assistência social, classes para adultos, biblioteca e publicações periódicas, prosperidade da aldeia e museus de exposições.

No Brasil, a herança colonial continua a pesar sobre a escola, tornando-a, em muitos casos, até mesmo um corpo estranho ao seu contexto social imediato. Instituição importada, visava em suas origens apenas transmitir uma cultura ornamental, europeizante, a um grupo restrito de pessoas de elevada condição socioeconômica. Destinava-se a formar o indivíduo letrado, símbolo do *status* para a sua família, cuja fortuna era suficiente para diplomar um ou mais filhos no Velho Mundo. Formavam-se, então, os "adornos" dos salões, capacitados a pronunciar os discursos vazios, mas prolixos e arrebatadores. Nada, porém, de funcional, de enraizado na realidade popular brasileira.

Não é, pois, de estranhar que mesmo nas camadas dominantes a educação escolarizada tivesse valor restrito, encarado como instrumento secundário, abaixo da família e da vida prática, estas sim, importantes para a socialização do homem. Quanto à massa, evidentemente bastava a rotina da vida para ajustar-se ao ambiente.

Diante dessas condições, a escola brasileira se estruturou historicamente de tal forma que o seu academicismo a impede, em grande parte, de cumprir as funções relacionadas com a preparação para a vida, tendo em vista as diferentes condições locais. Com isso, o seu posicionamento no elenco de instituições sociais é muito inferior ao que poderia sê-lo.

> Em conjunto, as escolas não são instituições organizadas para servir às comunidades, em interação construtiva com seus centros de interesses e de atividades; elas visam, ao contrário, desenvolver aptidões e um estado de espírito que dá ao brasileiro letrado a comunicação de que ele não está à margem da "civilização" e do "progresso". (Fernandes, 1960, p. 195)

Nessa situação, as escolas se limitam às funções universais da educação sistemática, como o ensino das técnicas de ler, escrever e contar. Assim, tornam-se elementos resistentes às mudanças processadas no seu meio social.

Entretanto, não se pode afirmar que o pensamento pedagógico brasileiro tenha ficado indiferente ao desafio da articulação com a comunidade. Para exemplificar podemos citar a preocupação da Escola Nova, de inspiração deweyana, com a regionalização da escola e a luta pela criação de uma verdadeira escola rural, ajustada às necessidades do seu ambiente.

Quanto às iniciativas concretas, também sem o intuito de inventariá-las, cabe-me mencionar as experiências isoladas do movimento de educação dos pais e a criação de Associação de Pais e Mestres nas escolas primárias de alguns estados a partir de 1935, sem falar de iniciativas como as do Centro Educacional Carneiro Ribeiro (Salvador), Campanha Nacional de Educação Rural, Movimento de Educação Promocional do Espírito Santo, Associação Brasileira de Crédito e Assistência Rural (mobilização escolar e extra-escolar) e experiência-piloto de escolas comunitárias rurais em Silvânia — Goiás.

Todavia, as primeiras reformas de ensino a abordarem de maneira significativa o relacionamento com a comunidade foram as consubstanciadas na Lei 5.540 de 20 de novembro de 1968 e sobretudo na Lei 5.692 de 11 de agosto de 1971.

A Lei da Reforma Universitária se preocupa com a adequação das instituições de ensino superior às peculiaridades regionais, estabelece a presença de representantes da comunidade nos seus órgãos deliberativos, a extensão à comunidade das suas atividades de ensino e dos resultados de suas pesquisas, impacto este que ainda está para ser devidamente analisado e avaliado.

A última reforma do ensino fundamental e médio insiste na necessidade de abertura da escola à comunidade. Dessa forma, determina o estímulo ao entrosamento e à intercomplementaridade dos estabelecimentos de ensino entre si ou com outras instituições sociais numa mesma localidade. Além disso, amplia o papel da escola como agente de profissionalização, estabelecendo os objetivos de sondagem e iniciação para o trabalho no ensino fundamental, e habilitação profissional no ensino médio, para a parte de formação especial do currículo. Oferece, ainda, flexibilidade para os currículos atenderem às peculiaridades locais e determina que a formação profissional se faça de acordo com as necessidades do mercado de trabalho local ou regional e em cooperação com as empresas.

A orientação educacional, incluindo o aconselhamento vocacional, deve ser realizada dentro da mesma linha, em cooperação com a comunidade. Finalmente, a lei torna a comunidade co-responsável pela educação, criando meios para a sua mobilização através de entidades que congregam professores e pais de alunos e de entidades locais em geral dedicadas à assistência educacional.

A importância do tema, como se vê, sugere diversas direções de investigação. A legislação em nenhum momento define o que considera como comunidade, deixando um vácuo do ponto de vista da concretização, na periferia do sistema de ensino, daquilo que é planejado no seu centro, mas que acaba permitindo a opção por um conceito que melhor representa as concepções educacionais de cada grupo.

Neste sentido, optei pela concepção ecológica de comunidade, combinada com as afinidades de juízo do grupo, que traz a possibilidade de ultrapassagem do sentido estritamente territorial, na aceitação dos resultados de contatos sociais mais amplos, direcionando a pesquisa aos efeitos da influência que pode exercer a articulação efetiva entre a escola e a comunidade no processo da gestão democrática em educação.

EXPONDO A REALIDADE

É preciso trabalhar todos os dias pela alegria geral. É preciso aprender esta lição todos os dias e sair pelas ruas cantando e repartindo, a mão cristalina, a fronte paternal.

Thiago de Mello

5
O AMBIENTE FÍSICO-SOCIAL DO BENGÜI

A descrição do ambiente físico-geográfico da comunidade do bairro do Bengüi, onde está localizada a escola-alvo deste trabalho, torna-se necessária para a compreensão da sua realidade.

Para essa descrição, optei pela utilização de textos produzidos pelos próprios alunos da escola, moradores da região, por entender que suas percepções retratam a realidade.

Características do bairro

> Bengüi hoje é um grande bairro. Para alguns pertence ao Município de Belém e para outros ao Distrito de Icoaraci. Hoje, o bairro possui aproximadamente 120 mil habitantes. O seu crescimento populacional foi acelerado a partir de 1978, quando começou a ser invadido por pessoas prove-

nientes de outros municípios ou bairros, expulsas de suas terras pela especulação imobiliária.
(Texto elaborado por alunos da 3ª série, 1984)

No bairro do Bengüi existem ruas e avenidas importantes como a São Clemente, Ajax de Oliveira, Benfica, Betânia, São Bento, São Pedro etc.
O bairro possui três escolas públicas, maternidade, pronto-socorro, centro de saúde, creche, PM-box, igrejas, cemitério, uma indústria — a Micom —, além de várias casas de dança como o Bregão e o Ray.
Os moradores utilizam para o transporte duas empresas de ônibus: a Nova Marambaia e Perpétuo Socorro. Os moradores se reúnem na Associação dos Moradores do Bengüi que tem uma história de luta na conquista dos serviços básicos através da organização popular.
A Comunidade Eclesial de Base tem uma atuação importante no bairro, através das suas lideranças como Raimundo Reis (já falecido), Dona Mercês, Dona Rita e tantos outros.
O NEP — Núcleo de Educação Popular Raimundo Reis — é um esforço concreto na constituição de uma educação popular através de suas salas de leitura e círculo de cultura.
(Texto elaborado pelos alunos da 4ª série, 1984)

O bairro do Bengüi é formado por pessoas provenientes de outros estados ou municípios ou outros bairros da Grande Belém. São trabalhadores da construção civil, das fábricas, das indústrias, das feiras, das casas de família etc.
São pessoas que trabalham como carpinteiros, pedreiros, serventes, vendedores, professores, enfermeiros, vigias, empregadas domésticas, lavadeiras, garis, faxineiras, feirantes etc.
Trabalham muito portanto, algumas até 14 horas diárias. E, na maioria das vezes, todos da família precisam trabalhar: homens, mulheres e crianças. Em cada dez famílias visitadas para uma pesquisa:

— uma família estava sem renda para viver;
— uma família não tinha renda certa por mês;
— três famílias viviam com um salário mínimo por mês, duas famílias viviam com dois salários mínimos por mês, duas

famílias viviam com três salários e uma família com mais de três salários por mês.

O número de crianças em idade escolar é muito alto no bairro. Em 1987, a Associação dos Moradores do Bairro realizou um levantamento e constatou que aproximadamente 12 mil crianças de 7 a 14 anos estavam sem escola.

O bairro possui duas escolas públicas que, juntas, atendem a quase 6 mil alunos.

Além dessas escolas públicas, existem no bairro escolas conveniadas com as Secretarias Estadual e Municipal de Educação, entre elas a Escola de 1º e 2º Graus Cidade de Emaús. O bairro conta ainda com 28 escolas comunitárias que funcionam em uma ou duas salas e com professores não-qualificados que ganham menos que o salário mínimo.

A maioria das pessoas adultas do bairro não teve muitas oportunidades para freqüentar a escola.

De cada dez pais e mães do bairro um não sabe ler nem escrever, cinco pararam de estudar na quinta série, um parou na oitava série, um terminou o 1º grau e dois começaram o 2º grau.

(Dados extraídos da pesquisa feita por professores da Universidade Federal do Pará — Projeto Saneamento Básico no Contexto Urbano da Amazônia: um novo enfoque da Política Municipal e da Participação Popular — 1990, pp. 8-11)

A situação escolar no bairro é crítica. E esta situação crítica tem vários motivos, entre os quais:

— falta de escolas no bairro;

— falta de vagas nas escolas existentes;

— falta de condições econômicas dos pais, que não têm recursos para comprar livros, fardas, farda para educação física, cadernos etc;

— falta de condições físicas das crianças que estão sempre doentes, anêmicas e sem disposição física, porque os pais não têm condições de alimentar bem seus filhos;

— a necessidade sentida pelas famílias de que seus filhos trabalhem; as crianças são obrigadas a deixar de estudar para trabalhar e assim contribuir no orçamento familiar.

O trabalho executado pelas crianças não é reconhecido pelos adultos, que assim criam empecilhos para que estas não possam estudar, como, por exemplo, o horário de entrada nas escolas.

(Texto dos alunos da 4ª série da manhã, 1990)

As condições de saúde e higiene do bairro são precárias.
A água tratada não atende a toda a população do bairro.
O lixo é recolhido de maneira irregular, ficando a maior parte do lixo nas ruas e esquinas.
As ruas não são asfaltadas em sua grande maioria e nem têm esgotos.
As casas, em sua grande maioria, não têm fossas biológicas.
Assim, há uma grande incidência de doenças como a diarréia, gripe, tuberculose, pneumonia, hanseníase, vermes, desnutrição, impingens e pano branco.
(Texto de aluno de 3ª série, 1990)

O quadro de precariedade expresso pelos alunos, representa a situação do bairro e de seus moradores que estão em constante luta pela melhoria de suas condições.

Entretanto, o sentimento de amor ao seu contexto físico-social está presente, como demonstra o texto a seguir:

O meu bairro é legal.
O que chateia é que tem pessoas que não respeitam o nosso bairro.
Nós temos que conservar o nosso bairro.
Não devemos jogar lixo na rua, para que ele seja limpo, assim as pessoas respeitam o bairro em que vivem.
No meu bairro há bandidos como em qualquer bairro.
Não tem praças pra gente brincar, mas assim mesmo eu gosto do meu bairro.
(Texto de aluno da 3ª série, 1990)

O espaço escolar — um primeiro retrato: Muitas pistas

Imaginemos uma aldeia indígena...

Em um grande terreno com árvores em abundância — um pedaço da floresta cobiçada na área urbana — estão distribuídas as salas de aula da escola: 16 ocas de madeira, cobertas de palha, com a mesma arquitetura das ocas indígenas ou como as palafitas comuns no interior da região Norte.

O toque citadino é dado pelas construções de alvenaria localizadas próximo ao centro do terreno: o prédio que abriga a diretoria, a secretaria, a sala e o banheiro dos professores. O conteúdo dialético do ambiente físico está na arquitetura da biblioteca e da sala de estudos: duas grandes ocas indígenas construídas em alvenaria.

Na parte dos fundos do terreno, um galpão com mesas e bancas que se destina à cozinha e ao refeitório, local onde também se realizam reuniões de toda natureza.

A Escola de 1º e 2º Graus "Nosso Espaço" tem em seu ambiente salas de aula, área para correr, árvores, parquinho de diversões. Com a sua construção em forma de tribo indígena, parece que o tribal foi transferido para a metrópole.

6
O APRENDIZADO COLETIVO

Historicizando a prática

A instalação de serviços comunitários que incluiriam uma escola para atendimento das famílias que estavam se deslocando para o novo bairro que surgia na periferia de Belém, o Bengüi, desde o início de sua implantação, constava no "Projeto Cidade de Emaús".

Devido às condições gerais do bairro e da deficiência no atendimento escolar às crianças ali residentes, a idéia evoluiu para a criação de uma escola aberta à comunidade.

Em maio de 1980, em reunião realizada entre a "Cidade de Emaús" e a Comunidade Eclesial de Base do Bengüi (CEB), surgiu a proposta de construção conjunta de uma unidade de ensino, em que a CEB entraria com parte dos recursos materiais e financeiros.

No período de novembro de 1980 a março de 1981, uma casa já existente e que era utilizada como estábulo foi adaptada. Ampliaram-se as salas, construíram-se mais quatro salas, secretaria e banheiro. Este conjunto constituiu o espaço físico da primeira sede da escola.

Ao mesmo tempo em que se realizavam as obras de construção da nova e definitiva sede da escola, prosseguiam os encontros em torno da proposta filosófica e metodológica a ser adotada.

Reuniram-se as famílias a fim de identificar os tipos de escola que queriam para seus filhos.

Nessas discussões, ficou claro que uma das posturas básicas a serem adotadas seria a de sempre ouvir a comunidade, buscando-se um ensino participativo, em que os alunos fossem condutores de sua própria aprendizagem, dentro dos princípios de solidariedade, liberdade de escolha, desenvolvimento do espírito crítico, criatividade e independência.

O objetivo educacional mais amplo seria ajudar as crianças a se tornarem pessoas capazes de intervir na sua realidade de forma crítica e construtiva.

Com o estabelecimento desses princípios, optaram, então, pela utilização do Método Montessori, através de um curso de 150 horas, ministrado por professores da Colméia Educadores Montessorianos do Rio de Janeiro. O curso foi financiado pela Fundação de Amparo e Desenvolvimento da Pesquisa — Fadesp-PA e coordenado pelo Centro Educacional Arapitanga, de Belém do Pará.

Em relação ao custeio da escola, defendeu-se desde o início que a sua manutenção fosse responsabilidade do poder público. Para tal, buscou-se convênio com a Secretaria de

Estado de Educação do Pará — Seduc —, a qual arcaria com as despesas de pagamento de pessoal e manutenção, excluído o pagamento do diretor, mantendo a escola sua autonomia administrativa, didática e disciplinar.

Efetivado o convênio, o que se conseguiu com a Seduc foi o pagamento dos professores, e a comunidade responsabilizou-se pela administração e manutenção da escola.

Em 1982, iniciou-se o funcionamento da escola, nos turnos da manhã e da tarde, atendendo 527 alunos, sendo 445 na primeira série, 44 na segunda série e 40 alunos na terceira série.

O índice geral de aprovação nesse ano foi de 92,43%. Na primeira série esse mesmo índice atingiu 92,80%, na segunda série, 93,18% e na terceira série, 85%, registrando-se ainda um número ínfimo de desistência (evasão) — apenas 13 casos na primeira série.

Os resultados alcançados devem-se, além da metodologia, aos critérios de avaliação adotados, em que o crescimento demonstrado pelo aluno, individual e coletivamente considerado, se sobrepõe ao critério de notas por aquisição (memorização) de conteúdos predeterminados.

Já no início do ano letivo de 1982, prevendo-se a demanda real do bairro e a precariedade das instalações da escola, foi elaborado um projeto de construção de novas instalações, obedecendo aos seguintes princípios:

— os espaços devem ser projetados de modo a facilitar e permitir a livre movimentação dos alunos;
— as construções devem ser feitas em nível mais elevado que o terreno, para evitar a penetração das águas das chuvas;
— a arquitetura da construção deve ter toque regional.

O projeto final previa a construção de salas de aula em formato circular, cobertas com folhas e circundadas por meias-paredes de madeira, erguidas sobre o chão de cimento batido. Assim foi realizado.

O financiamento para a obra veio através da Delegacia Regional do Ministério da Educação — Demec/PA, com recursos do Fundo Nacional de Desenvolvimento — FNDE — salário-educação e incluía material permanente (mesas, cadeiras) e parte do material didático. Neste último item foi feita a aquisição de materiais montessorianos de matemática, geometria, ciências e comunicação e expressão. Para os móveis de sala, optou-se pela confecção de mesas individuais, duplas, de quatro e de 12 lugares, de modo a facilitar a realização de dinâmicas de trabalho em grupo.

Em 1983, a escola já funcionava no novo local, ampliando o número de turmas e séries atendidas, com a inclusão de classes de pré-escolar (alfabetização) e 4ª série, apresentando o seguinte quadro de matrículas:

Matrícula dos alunos da E.E. de 1º e 2º Graus "Nosso Espaço" — 1983. Belém-Pará.

Turnos	Manhã		Tarde		Total	
Séries	Nº de turmas	Nº de alunos	Nº de turmas	Nº de alunos	Nº de turmas	Nº de alunos
Pré-escolar	05	150	04	120	09	270
1ª	04	140	04	140	08	280
2ª	04	140	04	140	08	280
3ª	—	—	01	35	01	35
4ª	—	—	01	35	01	35
Total	13	430	14	470	27	900

Fonte: Secretaria da escola

A evolução das matrículas na Escola "Nosso Espaço" confirma a aceitação da escola na comunidade, mesmo com a inauguração de uma escola estadual no bairro, com todas as condições físicas e materiais exigidas pela Lei de Ensino nº 5692/71, que previa a iniciação para o trabalho.

Na tentativa de consolidar os princípios de integração escola-comunidade foram realizados os primeiros contatos entre os técnicos do Ministério da Educação, em fins de 1982, objetivando a geração de uma proposta que foi denominada "Elaboração de conteúdos programáticos voltados para a realidade social do Bengüi".

Após a reformulação pela equipe da escola em conjunto com os pais, a proposta foi aprovada pela Portaria Ministerial nº 06, de 9 de maio de 1983.

A mudança essencial entre a primeira e a segunda formulações encontra-se no caráter extraclasse das atividades inicialmente sugeridas. Assim, a primeira proposta trazia as seguintes especificações:

> O projeto será desenvolvido através da formação de núcleos de atividade que, de acordo com as solicitações dos grupos comunitários, serão os seguintes:
>
> Artes — neste núcleo teríamos atividades relacionadas a pintura, desenho, música, teatro, artesanato, onde se faria uma pesquisa de material da localidade para ser utilizado nas diferentes atividades.
> Documentação — como atividade fundamental, este núcleo ocupar-se-ia do registro da história de vida dos habitantes e do bairro e as diferentes transformações que estão se processando, e das associações existentes.
> Literatura — a pesquisa do vocabulário com a respectiva produção do texto em prosa e verso, bem como coleta de contos, estórias *(sic)* e a elaboração biográfica de lideranças locais e a descrição dos movimentos associativistas existentes no bairro.

> Paisagem — seriam cultivados com os alunos jardins, hortas e, concomitantemente, ter-se-ia o estudo de botânica; encarregar-se-ia ainda de desenvolver junto à comunidade local campanhas de preservação e melhoria da paisagem local, inserindo-se este tópico no currículo como o estudo de geografia local e seu efeito na área. Um outro aspecto a ser considerado por este núcleo seria o de pesquisar e motivar a comunidade local quanto ao uso de plantas medicinais.
> Recreação — consiste no desenvolvimento de práticas de esportes e divertimentos diversos, onde se pudesse estimular uma maior integração da família à escola.
> O funcionamento dos diferentes núcleos seria integradamente com as atividades escolares, onde o aluno assistiria a aulas regularmente em um expediente e, no outro, teria opção de atividades escolares, em um dos diversos núcleos. Muito embora o projeto seja preferentemente voltado para os alunos do 1º grau, seria aberto a pessoas da comunidade que quisessem participar (Projeto: "Elaboração de conteúdos programáticos voltados para realidade social do Bengüi" — República do Pequeno Vendedor, Belém-PA, jan. 1983).

Os pareceres técnicos, em função dos princípios da linha programática, desaconselhavam o caráter extracurricular da proposta e desse modo modificaram-se as especificações, passando o projeto a ser desenvolvido "durante o horário das aulas, sob a orientação de professores e dinamizadores", estes últimos

> escolhidos entre pessoas da própria comunidade do Bengüi que possuam conhecimentos específicos em determinada atividade ali desenvolvida que contribua para a valorização dos usos, costumes, modo de vida, modo de produção e concorra para a elevação da renda familiar. Operacionalmente, o projeto será desenvolvido tendo por base as matérias contidas na proposta curricular adotada pelo Estado do Pará. (Reformulação ao Projeto "Elaboração de conteúdos programáticos voltados para a realidade social do Bengüi — República do Pequeno Vendedor. Belém-PA, abril de 1983)

Abandonou-se, em conseqüência, a idéia dos núcleos de atividades e volta-se a experiência para uma ação mais coerente com a própria titulação da proposta: abordar as matérias do currículo a partir dos dados socioculturais da comunidade do Bengüi.

E assim o projeto se desenvolveu...

A organização escolar e a comunidade

No começo do caminho houve um mutirão.

Mutirão de anseios, expectativas, esperanças e trabalho.

A comunidade participando da construção da escola de seus filhos.

Construção apenas física?

Salas de aula concluídas, matrículas abertas.

"E as vagas para meus filhos?"

Quem veio na frente pegou, quem demorou um pouco mais, perdeu a vez.

"Mas como? Ajudei na construção pensando nas vagas."

Porque não voltou na abertura das matrículas?

"Não pensei que tinha que correr, achei que estava garantido em função do meu trabalho."

A Escola "Nosso Espaço" não foi uma iniciativa própria da comunidade, mas dos voluntários da "República". A comunidade era ouvida por princípio. Mas não decidia. Assim, os choques entre diferentes expectativas começavam nos fatos mais corriqueiros e simples, como a concessão de uma vaga.

O raciocínio das pessoas da comunidade era prático e direto: trabalhei, tenho direito à vaga. O da equipe dirigente da escola era teórico e abstrato: servir igualmente à comunidade como um todo. Era preciso apreender as diferentes lógicas. Era preciso reestruturar a idéia de "servir a", transformando-a em "trabalhar com".

Discutiram-se novos princípios. A lógica da organização dos voluntários é quase sempre um caminho do discurso à prática. Terão que conviver com um raciocínio que se estrutura de modo bem diverso: das necessidades práticas à prática do discurso. Um discurso simples, funcional, de intencionalidade quase imediata. Toma lá, dá cá.

O problema das vagas foi solucionado. Outros surgiram. Como tornar a "construção" da escola um processo conjunto e permanente: Algo além do mero levantamento de suas dependências físicas?

Pensa-se em novas formas de organizar o processo de tomada de decisão. Elabora-se um sistema em três níveis: Assembléia da Escola, Conselho da Escola e Assembléia Geral da Escola.

A Assembléia da Escola constituída pelos professores, direção, equipes de apoio, merendeiras e vigias, onde são tratadas as questões pedagógicas e de funcionamento da escola.

O Conselho da Escola formado por igual número de representantes da escola e dos pais, num total de 24 pessoas, onde são estudadas as questões levantadas pela escola e pelos pais e encaminhadas à Assembléia Geral da Escola para decisão.

Esta é constituída por todos os pais, professores, direção, merendeiras, pessoal de apoio e técnicos da escola e se constitui na instância máxima de decisão.

Com isso, buscava-se o apoio dos pais, para que interferissem nas decisões da escola e ajudassem a construí-la da forma como a queriam para seus filhos e que essa escola se constituísse em espaço deles na comunidade.

A proposta, entretanto, já continha um "porém":

> Apesar das nossas tentativas, tivemos dificuldades em fazer isso acontecer plenamente, sobretudo porque, não raras vezes, a relação dos pais com a escola é de uma certa submissão, achando que não entendem de escola; isso é com professores. (Depoimento da diretora da escola)

Ou seja, a via do trabalho com a comunidade inclui um universo muito mais amplo do que ela própria, sempre presente, e permeando seu jeito próprio de chegar, de querer, de se relacionar, de participar, de expor e de se expor.

Àquela altura, observava-se um crescente número de pais presentes às reuniões, embora não se sentisse uma efetiva participação deles nas decisões da escola. Verificava-se que eles tinham interesse nos assuntos discutidos e aceitavam a orientação da escola.

A presença quantitativa e o interesse foram indicadores tomados como positivos. A aceitação da orientação da escola nas decisões, nem tanto.

Por quê? Obviamente não porque se pensasse que se tratava de má orientação. Mas porque se pretendia mexer na aceitação passiva, isto é, pretendia-se mexer naquele universo maior que contém a comunidade do bairro e cujos valores estão presentes nas atitudes das pessoas, em sua submissão ao saber instituído, em seu descompromisso com os rumos de sua própria educação ("isso é com os professores"), em sua auto-referência como pessoas não capazes de decisões sobre determinados assuntos, em seu conceito de que a educação instituída, embora os elimine sistematicamente ("os meninos é que não querem nada"), é a mais adequada.

Remexer para ressignificar esses conteúdos se tornava necessário não apenas porque fazia parte do ideário dos voluntários da "República". Havia também razões muito concretas: se a comunidade não diz exatamente o que pensa nas reuniões, isto não significa que não pense e muito menos que não fale. Ela fala e diz, em outros contextos. E sua crítica sempre chega, de um modo ou de outro, de volta à escola. Logo, tratava-se não de "ensinar a falar", mas de "destrambelhar a língua". E, se não estão falando conosco, temos que nos revisitar — chegar a estabelecer um diálogo real e proveitoso.

Ora, a organização posta em prática, em si mesma, parecia adequada: todos tinham respeitados os seus direitos de participar,desde os componentes do quadro interno da escola até os pais dos alunos em geral.

O problema, então, não estava apenas na organização. Era um fato: não bastava organizar uma "estrutura democrática", porque esta estrutura em funcionamento conduzia muitas vezes a rumos que eram opostos ao que se pretendia seguir.

Como mexer nisso?

Os indicadores mais próximos foram fornecidos pela Assembléia da Escola. Afinal, reuniam-se ali pessoas da comunidade, mas estas pertenciam diretamente ao corpo funcional da escola. Estavam lá no dia-a-dia, estavam dentro da estrutura, seus conflitos e as questões surgiam com mais clareza.

Os primeiros a levantar problemas foram os professores: sentiam os pontos de vista da direção da escola, muitas vezes, como "distantes" e até contrários a seus interesses e problemas específicos. Sentiam a participação da comunidade como "ameaça" à sua autoridade de professor. Sentiam como que uma aliança, entre a direção e os pais, "fiscalizadora" e crítica feroz de seu trabalho docente. E não se sentiam suficientemente "defendidos" no Conselho da Escola, porque sua representação no Conselho era "minoria" — apenas dois representantes.

Abriu-se, naquele momento, uma ampla discussão sobre "representatividade" que acabou se transformando no questionamento da "co-responsabilidade":

- Até que ponto cada um se integrava à proposta efetiva da escola?
- Até que ponto cada um se fechava na sua classe, na sua função e na defesa pessoal de seu trabalho solitário?
- Até que ponto entre o solicitar a participação dos pais e a participação efetiva, não havia uma postura de desconfiança e medo da crítica?
- Até que ponto esse medo não provinha de uma ameaça real e até que ponto não se tratava de uma autodefesa sem fundamento?
- Até que ponto o comportamento da direção da escola era verdadeiramente democrático?
- Até que ponto cada um alimentava temores provenientes de experiências em outros contextos?
- Até que ponto havia confiança entre os colegas de trabalho?
- Até que ponto o grupo sofria com as divisões internas e os assuntos apenas discutidos ao pé-do-ouvido, nunca abertamente explicitados?

Esse enfoque propôs um deslocamento importante na discussão: deixou-se de debater as formas organizacionais (afinal, já havia uma, que em princípio garantia a participação de todos) para se discutir as formas processuais de participação.

A ênfase deixava de ser na garantia do espaço de cada um nas decisões, para se fixar em como cada um poderia garantir para si um uso individual e coletivamente significativo de seu espaço conquistado. Aí se chegava, através de uma análise da dinâmica interna, a uma ponte com a comunidade, apesar dos "poréns" dessa relação.

Na verdade, os espaços de participação não eram resultado de reivindicações individuais ou coletivas. Eles já faziam parte *a priori* da proposta da escola. Mas quantos, entre os envolvidos, tinham consciência de querer efetivamente esses espaços? Quantos conheciam as implicações decorrentes de assumi-los? Quantos confiavam na sua existência real? O que fora feito para que confiassem?

Ora, se esses aspectos não estavam suficientemente esclarecidos a ponto de se refletirem no clima de confiança interna, dificilmente se conseguiria a esperada integração com o segmento externo à escola. E os fatos indicavam que essa era tarefa a ser encetada pelo grupo como um todo.

Internamente, esse encaminhamento vem tendo o seu seguimento, com muitos percalços. Marca, entretanto, mudanças comportamentais bem perceptíveis. Houve avanços claros no corpo docente ao longo de todo o processo.

Hoje, fala-se mais e mais abertamente.

A direção se vê na contingência de cotejar suas intenções com a prática dos princípios de gestão participativa e precisa fazer isso considerando os diversos níveis do trabalho: a escola, a Cidade de Emaús, a República do Pequeno Vendedor, a comunidade, a Secretaria de Educação.

O segmento que até então havia sido ignorado nos processos de decisão — os alunos — ganhou espaço próprio, com presença na Assembléia Geral da Escola e no Conselho Escolar com direito a voz e voto.

Para a participação da comunidade, novas estratégias estão sendo utilizadas na Assembléia Geral e no Conselho Escolar. A priorização da garantia de representatividade, através da eleição, considerando-se as turmas e o local de moradia do bairro (ampliação do raio de representação tomando por base uma divisão do bairro por áreas), mostrou-se pouco operacional. Muitos dos eleitos não tinham interesse pela questão da educação, o que os levava a um gradativo afastamento. Passou-se, por isso, a privilegiar a escolha pelo nível de envolvimento com a escola, chegando-se à garantia de representantes da Associação de Moradores do Bairro do Bengüi no Conselho Escolar.

O processo participativo, sobretudo internamente, é decisivo para que o grupo se constitua e se mantenha como tal. Ou definitivamente se aposta na responsabilidade coletiva, fazendo com que o grupo responda como um todo pelas idéias e resoluções em que acredita e endossa, ou se permanecerá nas soluções intermediárias, em que uma certa esfera de poder mantém-se inatingível, a pretexto de garantir, contra possíveis descompromissos, a integridade da proposta. Foi feita a primeira opção.

Nos enfrentamentos com o sistema educacional, a opção do grupo teve a sua consolidação.

No ano de 1987, a diretora da escola foi demitida do cargo, juntamente com outras 56 diretoras, por ter apoiado a greve do magistério. Os professores, pais, alunos e funcionários realizaram um movimento e conseguiram a nomeação de uma professora formada em Letras, que deu continuidade ao trabalho no qual já estava engajada. Junto com o grupo, conseguiu a aprovação, pelo Conselho Estadual de Educação, de um Regimento Escolar diferenciado de outras escolas públicas estaduais e que tem características que podem ser consideradas democráticas. Tal Regimento prevê a participação da comunidade nas decisões tomadas na escola.

As vicissitudes são permanentes, o movimento processual as exige, mas...

... as pessoas estão lá, escrevendo a sua história.

O professor aprende

A escolha de um método antecedeu, na escola-alvo deste estudo, a composição do corpo docente. Definidos os objetivos, justificou-se, portanto, a opção pelo Sistema Montessori, já que este parecia responder à filosofia proposta e, à grande maioria dos professores, entretanto, naquele momento, faltava qualquer referência ao método.

Foram estabelecidos os princípios de liberdade, independência, autodisciplina. Liberdade de movimentação no ambiente individual, de interesses e motivações. Independência de pensamento, de atitudes, tudo isso conduzindo a uma disciplina interior autodeterminada.

Um método, entretanto, não é formado só por seus princípios. Dele decorre uma prática com suas técnicas específicas. Os professores passaram por um treinamento de 150 horas sobre o método, orientado por professores do Rio de Janeiro. E mantiveram, em língua portuguesa e matemática, um ciclo de estudos dirigido por professores do Centro Experimental Arapitanga de Belém do Pará.

Aprenderam?

Quanto à aquisição de informações, parece que sim. O que era apenas uma etapa. Um novo momento se iniciaria; aquele no qual não se consegue conter a aprendizagem em nenhum limite do planejado ou do conhecido. Era hora de aplicar, operacionalizar, transformar e, no decorrer das ações, avaliar. Hora de aprender com os alunos. E lá estavam eles: pacientes uns, agressivos outros, outros pontuais e impontuais também; faltosos em alguns casos, assíduos em outros; às vezes amáveis, às vezes destruidores, exibicionistas e criativos, autoritários e esforçados. Crianças. Adolescentes. Gente.

> Gosto muito e sinto que todos os professores também gostam, porque os alunos são respeitados como gente. É a primeira vez que vejo uma escola humana... Agora é difícil ter uma escola assim, porque nossos alunos são pobres, quase sempre de famílias desempregadas, desajustadas e convivem com uma violência muito grande. Acabam trazendo para a escola muita agressividade e eu, às vezes, não sei como tratar esse problema... (Depoimento de professora da escola)
>
> Brigam muito. Veja aqui: essa menina de sete anos acaba de levar uma paulada na barriga de outra menina da mesma idade dela. Sei que não posso gritar com eles, porque aqui queremos uma escola diferente. Mas, às vezes, eu grito, porque não sei como fazer. Olha, eles me contam que o pai bate na mãe, neles, depois desaparece. É tão difícil. (Depoimento de professora da escola)

Os professores, de maneira geral, são qualificados para tal. Mas ainda não se percebe a real compreensão que eles fazem do trabalho como um todo. Neste momento, parece que dominam uma técnica de ensino, centrado no Método Montessori, mas ainda não dominam conceitos mais amplos de educação que possam ajudá-los em sala de aula. Via de regra, todos os professores conseguem extrair desse contexto os temas a serem trabalhados no dia-a-dia da vida escolar.

A partir dessa dificuldade muitas discussões passaram a ser alimentadas. Pontos de concordância, pontos de divergência. Ficava claro um aspecto da questão: a fixação prévia de uma metodologia, sem a participação, nessa escolha, do grupo que com ela terá de lidar, impede a necessária fluência e a flexibilidade da prática.

O professor se vê sempre na contingência de ter de avaliar seu trabalho pelo quadro de referência mais amplo do contexto geral em que atua. Desse modo, impede-se uma avaliação crítica do próprio método — afinal é adequado ou não? — para se concentrar a avaliação unicamente na prática do professor — está fazendo certo ou não?

Esse fator gera um certo sentimento de inadequação no professor, limitando sua aprendizagem, ao limitar sua capacidade de estar aberto às questões e explorar possibilidades.

Sem dúvida, é importante que se tenha um referencial claro do qual partir — filosofia de trabalho, princípios ou premissas, objetivos e até mesmo aspectos didáticos. Entretanto, estes últimos precisam ser validados por uma prática que fomente a criação de significações e promova a ampliação dos referenciais através da exploração de novas significações.

Os professores começavam a reivindicar participação na avaliação e escolha dos tipos de curso e treinamento a eles destinados. Uma abertura sensível de enfoques e temáticas já se faz sentir: o corpo docente, no todo ou em parte, passou por atividades de formação em cursos, encontros, minicursos, seminários, que tratavam de assuntos como: alfabetização, dinâmica do Método Montessori, educação no contexto social, alternativas de atendimento para meninos de rua, educação popular, organização política das classes trabalhadoras, educação, poder e política, entre outros.

Outras modificações foram introduzidas para melhor atender aos alunos na livre escolha de atividades e aos professores nos seus interesses de aprofundamento no conteúdo e na didática de uma determinada área do conhecimento. Eliminou-se a figura do professor-regente (exceto para as classes de alfabetização e da 1ª série) e criou-se um sistema de professor por disciplina e rodízio de atividades para os alunos.

A medida implicou a estruturação de salas— ambiente por área de ensino, montadas com materiais instrucionais montessorianos —, onde o aluno também poderia encontrar fichas de informação e de atividades autocorretivas. O professor, portanto, passou a atuar em sala fixa, com o aluno se deslocando em função do trabalho que deseja desenvolver.

Garantiu-se ainda, pelo sistema de rodízio, um dia de estudo individual a cada professor, semanalmente, sob a orientação da coordenadora pedagógica, hoje diretora da escola. Todas essas atividades e medidas serviram ao redimensionamento das relações dos docentes com a proposta de trabalho e com a própria escola.

A direção da escola reconhece o fato:

> ... a concepção filosófica do trabalho ficou mais clara para professores e, dessa forma, foi possível executar uma série de trabalhos que aproximou mais a escola da família dos alunos e integrou mais os professores na luta por melhores condições de vida do povo e nas lutas específicas da categoria dos professores.

Os referenciais sobre educação abriram novas comportas de indagações e permitiram a variabilidade das soluções no tratamento da relação ensino-aprendizagem; por exemplo, uma professora afirmou, orgulhosa:

> Procuro o melhor meio de chegar a cada aluno. Se eu percebo que com a apresentação dos fonemas na letra de "lixa" eu não estou conseguindo nada, eu mudo.

A disposição em procurar novos caminhos não se dá solitariamente. Há uma sensível receptividade de todos (ou quase) por oportunidades de informação/formação e uma grande flexibilidade para refletir e experimentar novas possibilidades metodológicas.

> O que mantemos agora do Método Montessori são os princípios e o uso do material que tem se mostrado eficiente e que ainda nos resta. No mais procuramos construir. (Depoimento da diretora)

Estão descobrindo, (re)descobrindo, inventando, formulando e aceitando novas premissas, já que é impossível a determinação *a priori* de uma corrente metodológica como "a certa". A escola procura dar lugar a uma multimetodologia, em que os professores se preparam para analisar, comparar, estabelecer valores, através dos quais avaliam as diferentes metodologias; mantêm-se atentos para avaliá-las em relação às posturas teóricas e em relação à sua prática e ao seu contexto, especialmente em situação em que a comunidade tem lugar específico nessa construção.

E... as pessoas estão lá escrevendo a sua história.

O aluno aprende

— Você gosta desta escola?
— Gosto.
— Por quê?
— Porque a merenda é gostosa!
— Você gosta desta escola?
— Gosto, porque os professores são bons. Só não gosto quando os meninos ficam deitando no chão para ver minha calcinha e das minhas amigas. Acho também que a gente devia brincar de teatro. Eu já fiz teatro aqui no bairro. Também sou grande, tenho 12 anos e vou terminar a quarta série.
— Você gosta desta escola?
— Mais ou menos. Você pode pedir à diretora pra deixar a gente jogar bola sábado e domingo?
Sábado e domingo eles fecham a escola e a gente não pode jogar.
(Depoimento de alunos ao técnico José Walter Nunes, em 1984)

Nesses depoimentos, percebem-se as questões do dia-a-dia: a fome, o roubo, a sexualidade, a violência. E o jogo, o lúdico, a busca do prazer.

A escola tem como objetivo que os alunos se tornem capazes de intervir nessa realidade com iniciativa, que ofereçam solidariamente soluções aos problemas que se lhes apresentarem, que sejam equilibrados e harmônicos e que produzam trabalhos a partir do domínio de diferentes áreas do conhecimento.

A tarefa dos professores e da escola consiste, então, no preparo do ambiente propiciador de experiências conforme o princípio montessoriano adotado pela escola.

A grande questão passou a ser: Que tipo de experiências? Que conteúdos ou significados poderão ser extraídos dessas experiências?

> Tomando por base as matérias contidas no currículo do Estado, tem-se tentado aplicá-las aos alunos, dando-lhes condições de interpretar e agir no processo de sua aprendizagem. A maior parte do trabalho está em criar condições dentro das salas de aulas para que o aluno seja agente de sua própria educação. (Depoimento da diretora da escola)

Que condições são essas?

Em relação aos conteúdos, pretende-se abordar o programa oficial a partir da realidade do bairro.

> Os alunos da 3ª e 4ª séries fizeram trabalhos em estudos sociais sobre o bairro, para melhor conhecê-lo no que se refere à situação socioeconômica dos moradores, às lideranças do bairro, além de terem possibilidades de relacioná-lo com outros bairros da cidade. Para melhor colocar a escola a serviço de cada um, a Coordenação Pedagógica fez uma pesquisa, partindo dos seguintes pontos:
>
> — Como vivem os alunos? (moradia, lugar de origem, situação dos pais)
> — Como sobrevivem? (trabalham, não trabalham)
> — O que sabem fazer?
> — Como a escola os está ajudando no trabalho que fazem, em casa, nas brincadeiras, no lazer etc? (Depoimento da diretora da escola)

Essa pesquisa apresentou um quadro em que aproximadamente 80% dos alunos ajudam para a sobrevivência familiar com algum tipo de trabalho, em geral a venda de picolés, jornal, sacos etc. Seu nível de aspiração é baixo: pretendem, em sua maior parte, apenas "melhorar um pouco de vida" e por isso gostariam que a escola lhes desse condições, oferecendo atividades profissionalizantes: corte e costura, marcenaria, datilografia, eletricidade e horta.

A repercussão mais nítida dos resultados da pesquisa se fez sentir com a introdução, na escola, dos cursos profissionalizantes, começando com corte e costura e, subseqüentemente, eletricidade e marcenaria.

Em sala de aula, no entanto, os dados levantados serviram muito mais para a consideração dos problemas de ordem afetiva e comportamental (a maioria dos alunos também se declarou em conflito com a família) do que para a análise e transformação das práticas pedagógicas. A inclusão, nessas práticas, de dados sobre a realidade do aluno, envolvia dois níveis de questão: o primeiro com relação aos conteúdos, o segundo com relação à sua apresentação "por meio de apresentações no ambiente".

As questões de conteúdos foram, durante algum tempo, uma forte preocupação da direção da escola. Tinha-se um programa (oficial) a cumprir e uma situação a enfrentar nos casos de possíveis transferências ou de alunos que concluíssem a quarta série. Perguntava-se sobre o sentido desse programa, como desenvolvê-lo a partir da realidade do aluno e, sobretudo, como fazê-lo de um modo que não fosse centrado na informação verbal do professor, considerando o aluno "agente de sua própria educação".

O material montessoriano respondia apenas em parte a essas questões, sobretudo porque era preciso aprofundar a pergunta ainda não respondida sobre a relação entre o caráter das experiências proporcionadas pelo ambiente e seu significado.

Na tentativa de melhor viabilizar as condições para o aprofundamento desses temas foram introduzidas algumas modificações: cada professor escolheu uma área de conhecimento ou disciplina (com exceção dos alfabetizadores, do pré e da 1ª série), foi estabelecido um horário de estudo individual e cada sala de aula se tornou uma sala-ambiente destinada a proporcionar experiências específicas em uma dada disciplina.

Definiram-se, por outro lado, algumas formas de tratamento dos conteúdos disciplinares a partir da valorização dos "usos, costumes, modos de vida, modo de produção da comunidade do bairro", conforme a proposta da escola:

a) Em língua portuguesa — a realização de pesquisa de vocabulário para ser utilizado no ditado, autoditado e alfabetização das crianças. Os textos serão produzidos em função da vivência do aluno, ou seja, antes de ser pedido qualquer tipo de redação, o assunto deverá ser experienciado e, posteriormente, redigido. Serão escritas biografias de pessoas que tenham algum tipo de liderança, ou seja, o morador mais antigo ou que tenha algo de significativo a ser comunicado às crianças, ou ainda biografia de pessoas que sejam significativas para as crianças.

b) Em educação artística — serão organizadas pequenas dramatizações, que retratem o cotidiano dos moradores, suas lutas, modo de vida, organizações associativas, bem como serão confeccionados trabalhos em madeira, tecidos, argila, pinturas, fibras, fio, tecelagem, que concomitantemente sejam arte e ajudem na elevação da renda familiar, através da sua comercialização. Serão organizadas quadrilhas juninas, grupos de carimbó, siriá, marujada e demais danças do povo.

c) Em ciências — serão plantadas hortaliças, plantas medicinais, frutíferas e ornamentais ao redor das ocas, nas leiras próprias para esse fim, onde serão vivenciadas todas as fases do ciclo de vida da planta desde o preparo do terreno, o semear, a germinação, o trabalho de regar, adubar, limpar, até a colheita. Aspectos de saúde da população também serão abordados: seu modo de vida, seu relacionamento, como se cuidam, como cuidam do seu corpo, como tratam das doenças, como ocupam seu tempo livre, como se divertem, como se alimentam, a medicina caseira, formas alternativas de alimentação etc.

d) Em estudos sociais — a preocupação básica será o homem, a sua história de vida e história de vida das crianças de cada sala da escola. A origem do bairro, de onde vieram os seus moradores, por que saíram da suas primitivas localidades, as formas de luta, as associações de bairro, suas reivindicações etc. Será feito, ainda, o mapeamento do local a partir da escola, seus acidentes geográficos, clima, vegetação e o modo como a população se utiliza desses recursos para a sobrevivência.

e) Em matemática — estudar-se-ão as formas existentes no ambiente, as áreas das ocas, da escola, as operações que envolvam compra, venda, lucro e prejuízo, considerando sempre a visão do conjunto.

A tentativa inicialmente melhor desenvolvida foi a alfabetização, em cujo processo cada criança elabora a sua própria cartilha. Nas outras disciplinas, essa questão ficou centrada nas dificuldades de ultrapassar o ensino verbal e compreensão das diferenças entre adultos e crianças, como estas se apresentam nas diversas fases de crescimento e, finalmente, como utilizar esse conhecimento na organização de situações de aprendizagem.

Esse tipo de conhecimento, ausente da formação dos professores, trouxe dificuldades centrais na sua abordagem: dificuldades de acesso à produção científica e pedagógica sobre o assunto e, quando se dá esse acesso, dificuldades de compreensão da linguagem específica.

O aprimoramento dos professores passa a considerar essas questões, para garantir o aprofundamento da proposta em níveis satisfatórios de eficiência do processo ensino-aprendizagem, que envolve mais do que a relação das disciplinas, seus conteúdos programáticos e a metodologia aplicada. Envolve o desenvolvimento de um comportamento social de participação solidária.

O trabalho com o teatro, com base em temas escolhidos pelos alunos (com a encenação de peças sobre a Páscoa, as mães, a violência e a criança, entre outros), experiências de vida comunitária (encontros onde se estabelece uma convivência específica de trabalho, lazer e estudo sobre temas como sexo, drogas, doenças venéreas, corpo humano etc.) e a organização de atividades esportivas são atividades que buscam esse aspecto mais amplo do sentido da educação.

Pretende-se que também a prática da sala de aula estimule essa participação, com o aluno tomando parte na organização do ambiente, envolvendo-se na escolha de trabalhos a serem feitos, discutindo os problemas do grupo.

A partir dessa pretensão, os professores, os componentes da equipe técnico-pedagógica e a direção começaram a discutir em grupos com os alunos questões disciplinares em que estes passaram a elencar as normas ou regras a serem adotadas, de modo a garantir os princípios estabelecidos na filosofia educacional da escola.

Em relação à participação na organização da escola, foram esclarecidas as atribuições dos alunos nos orgãos deliberativos da escola, assim como a elaboração das competências dos setores de atuação discente na estrutura estabelecida no regimento escolar, procurando fazer desses mecanismos, experiências de aprendizagem que ajudem a formação de comportamento de solidariedade, dentro de um sentido crítico e de responsabilidade.

Hoje, aquela pergunta feita em 1984, apresenta respostas diferentes:

— Você gosta desta escola?
— Gosto. Porque aqui todo mundo me conhece, conversa comigo e sabe o meu nome. Todos são meus amigos.

— Você gosta desta escola?
— Gosto.
— Por quê?
— Porque aqui eu aprendo um monte de coisas, brinco, jogo bola, merendo.

— Você gosta desta escola?
— Gosto. Porque aqui a gente está aprendendo a conhecer mais como é a vida de verdade.

— Você gosta desta escola?
— Gosto. Porque aqui os professores ouvem o que eu digo. Eu "tô" triste porque ano que vem eu tenho que ir para outra escola. Eu não queria passar pra 5ª série, porque eu tenho que sair daqui.
(Depoimentos de alunos em 1990)

Os avanços vêm se dando, os recuos ocorrem, mas...

... as pessoas estão lá escrevendo a sua história.

A direção aprende

No princípio era a idéia. E a idéia compôs a ação. Interagindo. Intenções e fatos. Pessoa a pessoa.

Muito do que se disse sobre o processo com os professores, aplica-se diretamente à direção da escola. Agindo e reagindo, seus componentes provocaram algumas mudanças e sofreram muitas. Foram eles que colocaram as primeiras cartas na mesa e só a fidelidade às regras do jogo poderia garantir que o baralho não tivesse cartas marcadas.

Parecia não ter.

A avaliação do ano de 1984 aponta-o como marcado para todo o pessoal da escola como um ano de tomada de pé no chão, procurando entender e vivenciar na prática o porquê das mudanças ocorridas na escola. Com isso, dificuldades tais como o autoritarismo — a relação de poder-liberdade/disciplina-conhecimento científico/conhecimento popular — foram motivos de conflitos, discussões, vivência e avaliação. Como saldo, verificou-se que se construiu um relacionamento mais forte, mais igual e direto entre professores/professores, professores/direção, professores/alunos.

O maior saldo de aprendizagem da direção provém do resultado dessas relações. Cada superação de um conflito ajuda a formar uma estrutura mais flexível para enfrentar o próximo. O vivenciar dos debates sobre as questões de poder acharam as raízes do autoritarismo, em que a verdadeira autoridade tem que emergir — pela competência, pela imaginação, pela sensibilidade.

A adoção de medidas de controle, necessárias a qualquer processo em que se pretenda garantir o comprometimento com o trabalho e os valores que o orientam, exige boa dose de receptividade à diferença, para não se tornar impedimento ao novo.

Nem sempre se conseguiu chegar a esse equilíbrio e um aprendizado importante tem sido constatar que "como é fácil para uma ou algumas pessoas cometer erros ao estabelecer limites, boa garantia é chegar a estes cooperativamente" (Miel, 1972). Poderia se acrescentar: e garantir que conjuntamente se avaliem as infrações aos limites estabelecidos.

O planejamento da escola para os anos subseqüentes, ainda trai, em seu universo vocabular, algumas posturas ainda questionadas. Na especificação dos trabalhos, pais, professores, alunos, merendeiras, vigias, secretaria e conselho trazem a preposição *com*, enquanto direção e coordenação da República, a preposição mais o artigo *da*. Assim, é trabalho *da* direção o "acompanhamento, o controle e a avaliação das atividades desenvolvidas na escola", item que sem dúvida tem merecido revisão, para receber um "com a direção".

Aliás, a direção tem aprendido, na prática, a rever essas questões que estão longe de serem meramente gramaticais. Dois professores, na tentativa de trazer para a escola posturas de cunho político-partidário, exigiram da direção uma atuação no sentido de que todos os segmentos ampliassem a consciência de seus próprios processos, olhando-se a si próprios e se avaliando coletivamente. Tal fato provocou uma crise interna de considerável repercussão em fins de 1985, indicando a necessidade de uma análise mais contundente e corajosa das relações de trabalho.

Essa avaliação, como propõe Paulo Freire, precisa ser dialógica.

> Entendida assim, a avaliação não é o ato pelo qual A avalia B. É o ato por meio do qual A e B avaliam juntos uma prática, seu desenvolvimento, os obstáculos encontrados ou os erros e equívocos cometidos (...), em lugar de ser um instrumento de fiscalização, a avaliação é a problematização da própria ação. (1978, p. 89)

O que envolve a direção como uma das partes do diálogo, ao mesmo tempo em que a traz para o interior do campo a ser avaliado.

No cumprimento da função que, afinal, lhe está sendo cobrada, a direção está apenas estendendo a si própria e à sua posição de "educador-educando" os princípios educacionais que defende.

O aprendizado da direção, que ocorre no processo de construção desta escola, evidencia-se nas ações que ali estão sendo desenvolvidas com professores, alunos, funcionários, pais e comunidade, e reflete-se na adoção da postura crítica, solidária e despojamento, aliada à decisão de imergir no espírito democrático e participativo.

> Eu não sou formada em Administração Escolar, mas aqui, no contato diário com professores, alunos, pais, a gente aprende a ser diretor de escola. A gente aprende a amá-la e a conviver com ela (a comunidade). É uma universidade que exige muitos sacrifícios, mas que valem a pena. (Depoimento da diretora da escola)

O processo é longo, difícil. O caminho é árido e cheio de idas e voltas, mas...

... as pessoas estão lá escrevendo a sua história.

A comunidade aprende

Fazer uma escala "para" e "com" a comunidade é uma opção política de caráter conservador ou transformador.

Escrever em relatórios ou fazer declarações de que foram feitas reuniões com as famílias para identificar o tipo de escola que queriam para seus filhos pode dar a errônea impressão de que a relação é ideologicamente tranqüila ou de que não se tem nenhuma proposta e se vai simplesmente atender ao que for solicitado. Há claros compromissos anteriores, que apontam para objetivos transformadores da relação que a escola quer estabelecer.

O desejo é instigar a comunidade ao debate da questão educacional.

À reivindicação de uma escola em que "o professor ensina, o aluno aprende" opoêm-se as perguntas: Ensinar o quê? Com que propósito? Para servir a quem?

À expectativa de que a escola seja simplesmente um meio de ascensão social, contrapõem-se questões como: Quem traça os objetivos? Por que algumas crianças são eliminadas antes de completar sequer o primeiro grau? A que camada da população pertencem essas crianças? Por que as que chegam a concluir seus cursos afastam-se de seu meio de origem e "esquecem-se" das reivindicações coletivas de seu grupo social?

Frente à idéia de que o saber é algo individualizado na sua aquisição e no seu uso, pergunta-se: Quem constrói o saber? Como ele é construído? A que e a quem ele serve ou pode servir? Quem determina a valorização dos saberes? Quem controla a sua difusão?

Logo, a perspectiva não é de mero atendimento ao que a comunidade no momento explicita como seu querer. O objetivo é ampliar, através da apropriação e criação de novos conhecimentos, os limites do referencial conhecido sobre educação.

Para construir, então, uma nova escola, não necessariamente a que é o objeto do querer comunitário no momento, mas aquela que tome a comunidade como sujeito histórico, político, social e culturalmente considerado. O processo participativo dessa construção é uma aprendizagem contínua, para todos os envolvidos.

O assentamento das relações em base de confiança mútua é a primeira tarefa. Para alcançá-la, uma das estratégias usadas pela Escola "Nosso Espaço" foi a de aproximar-se das questões do bairro e de suas formas de organização.

O grupo de professores, técnicos e o corpo administrativo estão representados nas reuniões que se realizam semanalmente

> no bairro do Bengüi, não só para discutir os assuntos referentes ao desenvolvimento das atividades da escola, bem como para participar e se integrar nos movimentos específicos dos moradores. (Plano de Trabalho — 1984)

Essa estratégia pôde ser facilmente seguida por uma parte das pessoas, ou porque residiam no bairro, ou porque pessoalmente assumiam a tarefa como sua proposta política. Outras, no entanto, não puderam atendê-la, pois significaria uma disponibilidade de tempo adicional de que não dispunham, pelo envolvimento com serviços domésticos ou com a organização dos movimentos reivindicatórios de seus próprios bairros.

Uma acalorada discussão sobre se todos deveriam ou não envolver-se com os movimentos comunitários do Bengüi problematizou a questão da participação e da função social da escola. Essa discussão permitiu ampliar a reflexão da função política do professor no cotidiano da sala de aula e flexibilizou as exigências impostas.

Os que mantiveram a postura participativa direta alcançaram um grande trunfo: a proposta educacional da Escola "Nosso Espaço" foi incorporada por uma escola comunitária que surgia, sob a administração direta da Associação de Moradores e Comunidade Cristã do Bengüi, que em sua justificativa diz:

> Para o funcionamento da escola, os moradores vêm fazendo esforço próprio no sentido de mantê-la, e para que a ação da escola esteja voltada para os valores culturais do bairro e atenda às suas reais necessidades e à própria comunidade, através das Associações, que escolhe os professores entre os participantes que mais estão comprometidos com as suas lutas e que consigam executar uma proposta educacional eminentemente popular. Todavia, no que concerne à orientação técnico-pedagógica, a Associação recorreu à Escola "Nosso Espaço", visto que está em consonância com as aspirações da comunidade. (Plano de Trabalho — 1985)

A segunda estratégia de aproximação com o bairro, adotada pela Escola "Nosso Espaço", está centrada na sua organização escolar. Antes mesmo que a Secretaria de Educação baixasse portaria obrigando a instalação do Conselho Escolar nas escolas da rede, já foram ali estruturados órgãos deliberativos com a participação da comunidade.

As relações decorrentes dessa organização, se não chegaram ainda no nível esperado, já manifestaram claramente suas conseqüências em um grupo significativo de pais — talvez fosse mais adequado dizer mães, pois a presença delas é predominante, não só numericamente, como na freqüência dos contatos e nas contribuições para as decisões da escola.

Elas opinam:

> ... é a primeira vez que eu vejo uma escola discutir conosco nossos problemas.
> ... é uma escola que não fala difícil, fala a fala da gente.
> ... a escola se preocupa em ensinar aquilo que a gente vive.
> ... não se força a criança naquilo que não tem condições, elas aprendem brincando.
> ... até na alimentação e na saúde eles se preocupam, o problema da desnutrição.
> ... acho que não tem nenhuma criança que não goste da escola.
> ... a gente que é de um bairro pobre, não pode ter um ensino igual a de um barão. Nas outras escolas eles aprendem coisas que não são necessárias, e aqui, no lento, eles acabam aprendendo mais.
> ... os pais que reclamam, é que não acompanham, porque o trabalho aqui é comunitário. Se eles não vêm, como podem reclamar?
> ... lá fora é assim, cada um faça por si. Aqui não, as professoras se interessam, aqui, tudo é com amor.
> ... o Conselho é muito importante. A gente participa das decisões e pode dar força ao trabalho da escola, pra lutar pela melhoria e trabalhar junto aos outros pais que ainda não participam.

E reivindicam:

> ... acho que a escola deveria ter mais atividades de preparar para uma profissão — mecânica, eletricidade, como tem marcenaria.
>
> ... gostaríamos que tivesse o primeiro grau completo. Porque eles saem daqui muito pequenos. Se fosse até o fim, quando a criança saísse já poderia ela mesma fazer a diferença.

Para acentuar os contatos e promover maior nível de participação, está em prática uma terceira estratégia envolvendo visitas domiciliares e comemorações festivas organizadas em conjunto por pais, professores, alunos e comunidade em geral.

A primeira dessas atividades tem como finalidades básicas, além da integração escola-pais, conhecer a situação de vida do aluno para trazer este conteúdo para a sala de aula, reuniões de pais e prevenir a reprovação e/ou evasão.

A segunda resgata e privilegia o prazer do contato, fazendo frente à formalidade em geral das reuniões mais sérias e humanizando, através do jogo e da brincadeira, as relações interpessoais.

Com relação aos pedidos das mães, a Escola de Produção, componente do complexo Cidade de Emaús, desenvolve atividades consideradas de preparação para o trabalho, que envolvem cultivo de horta, manutenção de pocilga, criação de pequenos animais, trabalho em madeira, eletricidade, manipulação de plantas medicinais para preparação de remédios etc. E, a partir de 1991, foi aprovado pelo Conselho Estadual de Educação o pedido de implementação do ensino fundamental completo, até a 8ª série.

A aprendizagem é coletiva e os resultados muitas vezes não são aqueles esperados. Mas...

... as pessoas estão lá construindo a sua história!

O funcionário aprende

Aprende?

As funções exercidas pelos chamados funcionários da escola, com exceção daqueles que trabalham na secretaria, apesar de sua importância, são, socialmente, as menos valorizadas.

As merendeiras e os serventes cuidam da alimentação, da limpeza e da organização do ambiente e arrumação das ocas e outras salas. Os vigias também executam a tarefa de porteiros, além de vigias propriamente ditos.

Também para eles, principalmente para as merendeiras, foi planejado um esquema de treinamento específico, através do qual se procuraria capacitá-los para o trabalho e promovê-los socialmente.

Cursos sobre alimentação alternativa, elaboração da merenda escolar, escrituração escolar, limpeza e vigilância fizeram parte deste treinamento, na tentativa de habilitar os funcionários para a execução de suas atividades. Foram chamados a participar das atividades em que se discutia a filosofia da escola, as questões da representatividade e outras questões de âmbito geral, além de terem tido seus lugares assegurados no Conselho Escolar.

Os limites da participação dos funcionários, excluídos os da secretaria, mais do que em qualquer outro segmento da comunidade escolar pareciam estar introjetados, impostos pelo sistema das relações socialmente determinadas, o que parece confirmar o que diz Ceccon:

> As idéias, os valores, as visões do mundo são articulados em função do modo pelo qual os seres humanos estão ligados socialmente. (1982)

O esforço da escola em internamente valorizar os serviços que os funcionários prestam e a possível contribuição de sua participação no processo de decisão parece ainda insuficiente para refletir-se no assumir de uma atitude mais ativa e crítica.

Na maior parte das reuniões, alguns sentam-se a um canto, calados, ou ficam de pé, fora das ocas. Atentíssimos: uma atenção visceral ao que ouvem.

Parece-me que os apelos constantes à participação — "vamos, o que é que vocês acham?" — soam-lhes puramente verbais. Tem-se a impressão de que a força de uma sábia intuição os mantém calados, deixando apenas que seu representante se manifeste.

Desconfiança? Prudência? Incerteza sobre a veracidade do convite? Descrença no respeito às suas opiniões? Medo?

Não dá para perceber claramente o que neste aspecto quantos conseguiram aprender. Estiveram muito atentos. Parece-me que o grande grupo é que não aprendeu ainda a captar a mensagem do seu meio-silêncio. Seria útil tentar.

Mesmo assim, as pessoas continuam lá construindo a sua história.

7
PERSEGUINDO UM OFÍCIO E SUAS ARTES: A PERCEPÇÃO DOS SUJEITOS

As práticas administrativas e a postura do diretor na gestão democrática

À pretensão de realizar um trabalho de pesquisa numa escola pública em que a gestão escolar indicava características de um processo democrático, em relação articulada com a comunidade local, impõem-se alguns objetivos, entre os quais, a descrição e a análise das práticas administrativas desenvolvidas nessa escola, assim como a postura que o diretor da escola deve adotar, levado pela dinâmica que a participação comunitária traz à administração.

Na escola-alvo deste estudo, as práticas procuram, cada vez mais, estar de acordo com as necessidades específicas da comunidade que atende, conforme pude observar, e pelas opiniões emitidas.

Assim, apresentarei alguns aspectos da prática administrativa, como ela acontece e como ela é vista pelos segmentos da escola em estudo.

Quanto ao processo da matrícula na escola, seu período e critérios são estabelecidos pelo Conselho e Regimento Escolares; entretanto há flexibilidade em relação às normas, de acordo com as situações:

> Matriculei meus filhos nesta escola porque foi a única que aceitou eles (*sic*) sem os documentos. (Depoimento de mãe)
> Nós temos aqui um período de matrícula oficial, quando a maioria dos alunos se matricula. Mas sempre recebemos as matrículas fora desse período, quando há vagas. (Depoimento de funcionária da secretaria)

Outro aspecto é a preocupação com a organização das cadernetas e listas dos alunos. A turma e o horário a que o aluno pertence podem variar durante o ano, de acordo com a sua possibilidade de freqüência, de modo a mantê-lo na escola.

> Quando os alunos precisam trabalhar no horário de aula, a gente muda o horário dele. Se ele precisar voltar para o primeiro horário, volta. Assim não precisa trancar a matrícula. (Depoimento da diretora)

O mecanismo da alteração de horário para atender à necessidade do aluno só pode ser usado com os alunos de 1ª a 4ª série, tendo em vista que há turmas dessas séries nos horários da manhã e da tarde; também facilita essa mudança o fato de as professoras assumirem as turmas nos dois turnos.

O cumprimento dos dias letivos e da carga horária não é um aspecto desprezado em função do objetivo de atendimento às necessidades do aluno. Seu tratamento é que difere daquele praticado pela maioria das escolas públicas:

> Nós exigimos freqüência sim, mas quando o aluno começa a faltar muito sem que a gente saiba o porquê, nós vamos lá na casa dele, ou a diretora manda saber o que está acontecendo. (Depoimento de professora)

A rigidez, que algumas escolas mantêm quanto à documentação para matrícula, a freqüência, ao horário, é evitada na escola-alvo da pesquisa. Isso não resulta em desorganização na parte burocrática que, de qualquer modo, é necessária para o funcionamento da escola e para a vida escolar dos alunos.

> Custei me acostumar com o trabalho daqui. Os alunos vivem mudando de horário, de turma e a gente tem que prestar muita atenção pra não errar as fichas individuais, os boletins. Mas isso é necessário. (Depoimento de funcionária da secretaria)

As questões de ordem disciplinar dos alunos estão explicitadas no Regimento da Escola, que não prevê o desligamento do aluno. Os alunos que apresentarem problemas de comportamento são admoestados, advertidos verbalmente em particular ou advertidos por escrito, sempre havendo a informação aos pais ou responsáveis quando se tratar de menor.

Essa prática é utilizada com o objetivo de mostrar que a escola não é um local de repressão social e sim um espaço em que a busca da convivência coletiva é mais importante do que o ato de se livrar dos problemas.

Pode-se perceber que, mesmo num processo que se quer democrático, as práticas administrativas, muitas vezes, acabam por apresentar características que resvalam para o centralismo, exigindo, portanto, que a postura do diretor esteja sob constante vigilância no esforço da busca permanente da efetivação da democracia.

Apesar do esforço realizado pela diretora da escola, observei um fato que me pareceu, a princípio, contraditório com a proposta democrática ali propalada: a diretora havia ido a uma reunião na Secretaria de Educação e sua sala, onde também estão guardados os materiais didáticos, estava trancada. Vários professores vinham apanhar material e a secretária informava que a diretora levara a chave. Indaguei por que ela não deixava a chave, e a secretária, titubeando, disse que ela esquecera e que aquilo não era comum acontecer.

A postura do diretor, necessária na gestão democrática que inclui a participação da comunidade, é caracterizada pela própria comunidade, que sabe exigir comportamentos, atitudes e habilidades, estabelecendo claramente o papel a ser desempenhado por ele, de forma a garantir credibilidade a seu trabalho.

Uma das características apontadas pela comunidade refere-se à questão da liderança que deve ter o diretor da escola, como elemento fundamental na elaboração do processo participativo dentro da escola e com a comunidade.

Alguns depoimentos, que destaco dos muitos que ouvi, parecem apontar para a demonstração da liderança exercida pela diretora da escola-alvo do estudo:

> Essas coisas acontecem aqui, porque a diretora é uma líder que faz tudo para facilitar o relacionamento escola-comunidade. (Depoimento da vice-diretora)
>
> A diretora consegue passar o entusiasmo dela para todos: professores, alunos, pais e funcionários. É isso que garante o nosso trabalho. (Depoimento de professora)
>
> A gente vê que a diretora está interessada em ajudar a gente. Ela está sempre na frente das coisas. Aí a gente também vai, né? (Depoimento de mãe)

Um dos componentes da liderança que facilita a integração escola-comunidade, expresso pela diretora da escola, é o conhecimento crítico da realidade comunitária onde está inserida, como elemento que lhe dá condições de adotar práticas adequadas ao processo de democratização.

> A diretora conhece bem a nossa realidade, as nossas necessidades, por isso ela sabe como dirigir a escola. (Depoimento de mãe)

Outro aspecto é enfatizado na postura do diretor democrático: a coerência entre o discurso e a prática.

Na escola em que realizei este estudo, esse aspecto se manifesta da forma como declaram alguns representantes dos segmentos da escola:

> A diretora acredita no que estamos fazendo, e não é só da boca pra fora. A filha dela estuda aqui e isso é uma prova de confiança. (Depoimento de professora)
> A diretora até podia colocar as filhas dela em outra escola, mas elas estão aqui. Eu sou da sala de uma. (Depoimento de aluno)

As relações interpessoais são também consideradas na postura do diretor que se pretende democrata. Na escola-alvo desta pesquisa o significado dessas relações aparece nitidamente nas declarações ouvidas:

> A diretora é uma pessoa que não é autoritária. Ela sabe tratar bem os pais. (Presidente da Associação dos Moradores do Bairro)

O bom relacionamento interpessoal que a diretora manifesta não se restringe à comunidade, mas inclui também a relação diretor-funcionário:

> A diretora não trata a gente como se a gente fosse criado dela. Ela sabe pedir as coisas. (Depoimento de servente)

A competência técnica é outro aspecto que também se faz necessário no elenco das qualidades necessárias ao diretor de escola democrática e que está presente na escola:

> Além de ser uma pessoa aberta, a diretora conhece as normas, as leis, o trabalho dela. (Depoimento da secretária)

A competência aqui é representada pela conhecimento científico da profissão de administrador escolar, o que vai contribuir para a legitimação do diretor como tal, sem que isso queira dizer que apenas o formado em administração escolar esteja apto a ser diretor de escola — a diretora desta escola é formada em Letras —, mas o domínio dos princípios e das habilidades administrativas, ao lado da postura democrática, dá respaldo ao desenvolvimento de práticas participativas.

Segundo a representação da Seduc,

> a diretora parece estar sempre disponível a lutar pela comunidade, ajudando-a na medida do possível.

Tal visão parece apontar para uma concepção de administrador escolar coerente com os interesses do Estado capitalista: a disponibilidade permanente requer um herói e não um profissional que tem direito a, por exemplo, descanso do trabalho; lutar pela comunidade me parece mais um discurso populista tão presente em nossa "sociedade democrática" e "ajudando-a no que for possível" caracteriza bem o caráter assistencialista presente nas políticas sociais deste país.

Neste bloco de questões propostas aos representantes dos segmentos da escola, pode-se notar que a tarefa do diretor está ligada à liderança, competência técnica e humana, disponibilidade e conhecimento da realidade. As principais características consideradas necessárias ao diretor são abertura, paciência, honestidade, interesse, autenticidade e segurança.

Pelas entrevistas realizadas com a diretora, a vice-diretora, presidente da Associação de Moradores do Bairro e os representantes da Secretaria de Educação percebe-se que cada um deles julga estar se empenhando em inserir a comunidade na escola, através de ações e reflexões que venham a intensificar o nível de participação da comunidade e sua importância para a escola.

Alunos, professores, pais e funcionários indicaram as condições que favorecem e que dificultam a participação desses segmentos na administração escolar. Entre as que facilitam essa participação, destaco a garantia do direito de todos, a existência de uma proposta de trabalho coletivo, a confiança, o conhecimento dos problemas e a disponibilidade de tempo. Os fatores que obstaculizam a participação, entre outros, são a falta de vontade, o autoritarismo, o medo, a desconfiança.

A participação de alunos, pais, professores e funcionários na gestão da escola é considerada pelos entrevistados desses segmentos como um fator que ajuda, tendo em vista que sua visão de escola é diferente da direção: as decisões são responsabilidade de todos, a diretora não pode resolver tudo sozinha, todos devem se envolver na vida da escola, sabendo qual a sua parcela de contribuição.

A grande maioria dos entrevistados sabe claramente que palestras, cursos, jogos, filmes, festas são atividades que a escola oferece à comunidade. Sabe também que as informações das ocorrências da escola chegam até a comunidade através de alunos, reuniões, Conselho e comunicados escritos.

A abertura do espaço físico escolar para uso da comunidade se faz com certas condições. A Associação dos Moradores, as entidades religiosas, as outras escolas, após a solicitação antecipada e o compromisso em conservar as instalações, obtêm autorização para ali realizar suas atividades.

O processo educacional e a comunidade

A gestão democrática na educação inclui, necessariamente, a participação da comunidade no processo educacional, sem o que seria muito mais um arranjo interno dos componentes da escola que atenderiam a interesses que certamente não estariam consentâneos com as expectativas comunitárias.

Na medida em que a escola inclui a comunidade em seu processo de gestão, torna-se um centro ativo dessa, que assim

> passará a confiar na ação educativa e no professor e a ver a escola como um local onde possa se conscientizar e discutir seus problemas, buscar apoio e oportunidades para sua solução. (Vianna, 1986, p. 54)

As contribuições desta relação aparecem nas falas dos envolvidos, na sua postura e nos resultados produzidos por alunos, professores, direção, pais e funcionários.

> Aqui na escola, como há participação de todos, tudo funciona melhor, porque são mais pessoas preocupadas. Muitas vezes somos forçados a tomar decisões. A responsabilidade é dividida e nós conseguimos fazer um trabalho até com mais eficiência. (Depoimento da secretária)

A busca da gestão democrática efetivada na escola-alvo desta pesquisa está expressa na ampla participação dos representantes dos segmentos da escola nas ações pedagógicas ali desenvolvidas.

No que diz respeito ao planejamento, a participação dos pais é significativa, uma vez que percebem que é nesse momento que são definidos os conteúdos, as práticas pedagógicas.

> Na época do planejamento eu vim para as reuniões e assim pude ver como é que os professores ensinam meus filhos. Fiquei muito satisfeita. (Depoimento de mãe)

O estabelecimento do método de ensino *a priori* da contratação dos professores, no início da escola, acabou por dificultar o processo ensino-aprendizagem no momento em que as contradições começaram a emergir dentro da sala de aula. O número de alunos, a heterogeneidade de idades e seu nível de maturidade para a aprendizagem muitas vezes não podiam ser tratados pela metodologia em que os professores foram "treinados".

Na presença dessa dificuldade, os professores começaram a exigir sua participação na escolha dos cursos que precisariam fazer e, a partir daí, decidiram que o método seria o da construção coletiva, de acordo com as necessidades apresentadas.

> Muitas vezes o que está planejado precisa ser mudado. Se para os alunos aprenderem tiver que mudar, eu mudo. (Depoimento de professora)

Dentro do processo educacional, outro aspecto a ser considerado é a questão da avaliação, usada em muitas escolas como mecanismo de poder excludente. Na escola-alvo deste estudo esse aspecto tem uma concepção que prevê o crescimento do aluno de acordo com as suas possibilidades, tendo em vista sempre a construção de seu conhecimento.

> Quando o professor avalia o aluno, ele leva em consideração tudo aquilo que o aluno traz e aquilo que ele conseguiu produzir aqui. Assim, a avaliação não é só para dar nota, mas para ver o crescimento do aluno. (Depoimento da vice-diretora)

Nesta escola, entretanto, o espontaneísmo avaliatório não é exercido, uma vez que os professores parecem ter a capacidade de distinguir os avanços dos alunos, de modo a garantir o conhecimento do mesmo.

> Apesar de considerar o aluno como um todo, eu não vou aprovando todo mundo a torto e a direito. Tem uns que não dá mesmo. (Depoimento de professora)

O aprendizado, que advém da participação de todos na administração do processo educativo, possibilita a cada um dos sujeitos, individualmente e a todos coletivamente, o crescimento da pessoa humana em todos os seus aspectos: dignidade, atuação, criticidade, capacidade de decisão e ação, devendo ser respeitada na sua individualidade e sociabilidade.

A inserção da comunidade na gestão participativa da escola exige do professor práticas que venham a romper com os modelos pedagógicos comumente aprendidos nos cursos de formação e reciclagem.

O domínio da metodologia do ensino é fácil de ser adquirido, o que vem complicar são os problemas presentes nas relações pedagógicas que são desenvolvidas.

> ... sei que não posso gritar com eles, porque aqui queremos uma escola diferente. Mas às vezes eu grito, porque não sei como fazer. Olha, eles me contam que o pai bate na mãe, neles, depois desaparece. É tão difícil. (Depoimento de professora)

A convivência estreita entre os professores e as famílias, que pede o conhecimento das condições materiais e sociais dos alunos, acaba permitindo que o relacionamento se processe de forma mais humana, favorecendo ao professor uma compreensão maior das ações e reações dos alunos, o que o leva a uma modificação no tratamento pessoal.

> Eu tenho um aluno que é terrível e que me tirava do sério. Descobri que ele é filho de um bandido, viciado, que bate muito nele. Agora eu compreendo melhor a sua conduta. Agora ele é meu ajudante. (Depoimento de professora)

Outro aspecto relevante no processo educacional da escola em estudo é a atuação do Conselho de Classe. Um órgão que deveria estar presente nas escolas, no Pará está em poucas instituições escolares públicas. Nesta escola, a implantação do Conselho de Classe é mais uma prática pedagógica por meio da qual a participação da comunidade se efetiva.

> Na hora do Conselho de Classe, a gente tem oportunidade de dizer quais são as dificuldades que temos para aprender matemática, português. (Depoimento de aluno)

Na escola, a apropriação do saber procura ser realizada por meio da construção coletiva. Uma das decisões tomadas coletivamente foi a não-adoção de livro-texto para os alunos. Cada professor com seus alunos exercita a elaboração de textos que serão usados e explorados na aprendizagem dos assuntos selecionados para cada série. Apresento a seguir, dois textos elaborados por alunos onde se pode notar a presença da comunidade no interior da escola.

> Na minha casa eu sou uma pessoa muito boa para que me respeitem.
> Eu trabalho desde os sete anos com minha mãe.
> Às vezes eu chego tarde na escola, porque saio tarde de casa.
> Sempre que eu chego do trabalho tarde, eu nem almoço para eu poder ir para a escola.
> Eu me esforço para chegar sempre mais cedo em casa para poder lavar a minha roupa, lavar as louças e arrumar as camas, antes de ir para a escola. (Udenise — 4ª série — tarde — *Coleção Nossas Histórias*)

> Eu moro com meus pais, irmãos e avós.
> Meu pai trabalha em construção de casas.

Minha mãe trabalha em lavagem de roupa.
Eu e minha irmã ajudamos nossos pais, tomando conta de nossos irmãos.
Eu tenho um irmão de sete anos, um de oito anos e um de quatro anos. (Rosinéia — 3ª série — manhã — *Coleção Nossas Histórias*)

A proposta de executar um trabalho que tem como foco fundamental o atendimento das expectativas da comunidade, contribuindo para a superação dos seus limites sociais, concretizou-se com a participação direta da escola nos trabalhos desenvolvidos na Associação dos Moradores do Bairro do Bengüi. Dessa forma, a escola presta contas à comunidade, bem como executa planos, apresenta pessoal para admissão ou demissão após aprovação na Assembléia Geral da Escola, ouvido o Conselho Escolar, onde têm assento garantido seis representantes da Associação dos Moradores.

A percepção que obtive no estudo desta escola, mostrou que a prática da gestão participativa ali desenvolvida traz para o processo educacional ganhos fundamentais em termos pedagógicos, demonstrando uma possibilidade concreta para a democratização do ensino, na medida em que envolve a comunidade no processo político de educar seus filhos, a si próprio e ao meio em que vive, estimulando os alunos, pais, professores e funcionários a adotarem atitudes políticas livres e responsáveis.

O conjunto de questões propostas à diretora, vice-diretora, presidente da Associação de Moradores do Bairro, representante da Seduc, aos alunos, pais, professores e funcionários é uma tentativa de captar suas percepções em relação às contribuições que a relação da escola com a comunidade traz para o processo educacional.

A relação da escola com a comunidade na visão desses segmentos é, atualmente, boa, já tendo passado por momentos difíceis, evoluindo para momentos excelentes e finalmente se estabilizando numa relação firme.

Na percepção dos entrevistados, a escola pode melhorar a vida da comunidade através da informação, do trabalho em conjunto, do engajamento às reivindicações, no esclarecimento dos seus direitos de cidadão, enfim, no desenvolvimento da função política da escola.

Alunos, professores, pais e funcionários consideram que a ação da escola deve voltar-se para questões que atendam a suas necessidades mais imediatas como aumento do número de salas de aula, cursos profissionalizantes, ampliação das séries do 1º grau, realização de campanhas de higiene e saúde.

A escola e as determinações do sistema oficial de ensino

Analisando as respostas dos informantes que têm relação direta com a questão, pode-se detectar a presença de conceitos-chave que representam as percepções de cada um deles: *trabalho sério, fundamentação, respeito.*

> A relação entre esta escola e a Seduc é de respeito mútuo. (Depoimento da diretora)
> A escola se impõe junto à Seduc, porque faz um trabalho sério. (Pres. da Assoc. de Moradores do Bairro)

Aos orgãos oficiais de administração do ensino o que mais interessa parece ser o cumprimento das prescrições quanto ao modo de organização e funcionamento das escolas públicas do que seu trabalho participativo junto à comunidade.

> O que está na lei não pode deixar de ser cumprido. (Representante da Seduc)

À medida que o trabalho se desenvolve com a participação de todos os segmentos da escola, a relação desta com as instituições administrativas centrais se modifica, ocorrendo a polaridade burocracia *versus* autonomia. A intenção de atender às expectativas da comunidade cria formas autônomas de equilíbrio entre essas duas forças.

> Nós usamos a burocracia para ajudar na organização do trabalho e não para atrapalhar a vida das crianças. (Depoimento da secretária da escola)

A exigência de documentação, que é uma medida burocrática para a matrícula, é contornada pela chamada "matrícula condicional", havendo o encaminhamento dos pais para órgãos que fornecem os documentos necessários.

Sendo a proposta da escola-alvo da pesquisa diferenciada das outras escolas estaduais, dada a realidade de trabalho de fato voltado para as condições concretas dos alunos, alguns problemas têm surgido entre a escola e a Secretaria de Educação ou o Conselho Estadual de Educação.

Quando da necessidade de nomeação de uma nova diretora para a escola, o que emergiu foi uma manifestação dos professores, pais, alunos e funcionários junto à Secretaria de Educação, garantindo que a coordenadora pedagógica fosse nomeada para a direção mantendo assim os princípios participativos definidos e as práticas para a sua concretização.

É normativo na Secretaria de Educação a lotação dos professores em apenas uma turma de 1ª a 4ª série em um dos turnos da escola. Entretanto, a direção da escola-alvo deste estudo tem conseguido que os professores assumam duas turmas, uma em cada turno, na mesma série, tendo em vista a explicitação dos objetivos da escola e a metodologia adotada.

> No período de lotação dos professores é sempre uma luta, mas temos conseguido manter os professores em dois turnos de trabalho. Isso ajuda o professor e facilita o trabalho da escola. (Depoimento da diretora)

Por ocasião da implantação do curso de ensino médio na habilitação Magistério, outra vez ocorreu um enfrentamento, desta vez com o Conselho Estadual de Educação, que resistia em aceitar a carga horária e as disciplinas que seriam desenvolvidas pela escola.

> Nós apresentamos um curso com carga horária e grade curricular superiores às das outras escolas estaduais e por isso não queriam aceitar. Foi preciso muita argumentação para conseguirmos. (Depoimento da vice-diretora)

A força adquirida pela escola junto às determinações dos órgãos centrais só se manifesta quando, ao lado da seriedade do trabalho, está a legitimação desse trabalho pelo apoio da comunidade que dele participa, constituindo-se no dizer de Vianna

> ... numa demonstração de melhoria gerada pela força do conjunto, transformando a escola em *realidade dinâmica e atuante*, que busca seu espaço como *instrumento capaz de provocar mudanças*, pois todos se sentem integrados e responsáveis por uma educação que pretendem transformar em realidade qualitativamente mais rica. (1986, pp. 114-115)

Essas questões tiveram como objetivo perceber como a diretora, a vice-diretora, a presidente da Associação dos Moradores e a representante da Seduc consideram o relacionamento da escola com os órgãos oficiais e sua postura diante das determinações desses órgãos.

O relacionamento entre as duas instituições é considerado bom pelos entrevistados, e o respeito, a seriedade, a argumentação e o cumprimento das normas são aspectos relevantes nessa relação.

Segundo os entrevistados, a postura que a escola adota é a da busca do equilíbrio entre as determinações legais e seus objetivos, procurando cumpri-las sem, contudo, romper com os princípios pelos quais optou.

Visão da escola

A percepção de alunos, professores, pais e funcionários é que a escola deve desenvolver sua função social; as práticas administrativas e seu processo pedagógico devem estar aliados ao favorecimento da ampliação compreensiva do mundo, do indivíduo, dos outros e das relações sociais.

Assim se expressam os sujeitos:

> Gosto desta escola porque aqui a gente cresce como profissional e como gente. (Depoimento de professora)
> Mando meu filho para essa escola porque ali ele vai aprender a ser cidadão. (Depoimento de mãe)
> Gosto. Porque aqui a gente está aprendendo a conhecer a vida como ela é de verdade. (Depoimento de aluno)

O processo participativo presente na escola tem significado importante para os segmentos consultados, tendo em vista o esforço em desenvolver uma educação escolar que procura compreender as diversas interferências e interesses que perpassam a sociedade.

O ensino é organizado de forma a levar o grupo e sua comunidade a perceber e interpretar o papel de cada um individualmente e o do grupo organizado, para poder interferir nas ações dessa sociedade.

> Gosto desta escola, porque aqui os nossos problemas são levados em conta. (Depoimento de mãe)
> Nosso principal objetivo em relação à comunidade é realizar um trabalho educativo de acordo com a sua realidade, para que eles possam compreendê-la e modificá-la. (Depoimento da diretora)

Ao que pude perceber, a escola se apresenta aos seus segmentos comprometida politicamente com o processo do desenvolvimento e exercício da cidadania, através de suas ações político-pedagógicas.

Alunos, professores, funcionários demonstraram gostar da escola, tendo como motivos: o conhecimento entre os sujeitos, porque se sentem ali o respeito pelo trabalho e pelas pessoas, pela participação na vida da escola, o bom resultado do trabalho, entre outras razões.

Questionados sobre o que representa a escola para eles e as causas que os estimularam a matricular seus filhos nesta escola os pais afirmaram: a escola é principalmente um espaço para aprender a ler e a escrever; isso proporcionará aos filhos condições de mudar de vida, arranjar bom emprego, tornar-se cidadão, não ser enganado. A escola-alvo do estudo foi escolhida por ter proposta confiável. É uma ótima escola, aceitou as crianças sem documentação.

Em princípio, alunos, professores, pais e funcionários não gostariam que mudasse nada na escola. Suas propostas de alteração referem-se mais à ampliação da rede física, das oportunidades de ensino, de horário e de fornecimento de merenda.

CONSIDERAÇÕES FINAIS

Peço licença para terminar soletrando a canção de rebeldia que existe nos fonemas da alegria: canção de amor geral que eu vi crescer nos olhos do homem que aprendeu a ler.

Thiago de Mello

O presente trabalho procurou acompanhar o desenvolvimento das atividades em uma escola pública estadual de educação básica na periferia de Belém do Pará, no decorrer dos anos de 1990/1991.

O escopo principal era o de verificar como se dão as relações gestionárias e pedagógicas num espaço escolar em que a participação comunitária é uma opção da escola.

Durante o período em que estive imersa no interior da escola e por meio dos resultados deste Estudo de Caso, pude perceber que a gestão democrática, incluindo a participação comunitária, vem se dando como processo, isto é, com avanços e recuos na construção de sua história e na medida em que pais, alunos, professores e funcionários têm oportunidade de opinar e decidir as relações da escola.

A integração entre a escola e outras instituições da comunidade se mostra parcial. A relação se dá apenas entre a escola e a Associação de Moradores do Bairro, através da participação dos representantes das duas instituições em seus fóruns de decisão, indicando um avanço da presença comunitária na gestão escolar, que ultrapassa o envolvimento dos elementos da escola e seus usuários.

Através dos relatos obtidos, pude perceber que, durante o processo, as dificuldades vêm se apresentando, em especial, na manutenção do princípio participativo quando da alteração do grupo de professores. No momento da saída de um professor por transferência ou qualquer outro motivo, exige-se que se explicitem ao novo professor as práticas que ali são desenvolvidas, de modo a garantir a proposta. Tanto que a inclusão de um professor no grupo é ponto de discussão no Conselho da Escola e na sua Assembléia Geral.

Dentre os sujeitos que fazem parte do processo, pude perceber que os funcionários de apoio (serventes, merendeiras, vigias) participam, sim, mas ainda estão num nível de observação e audiência, esperando que as decisões sejam tomadas para que possam executá-las. Esta postura requer que o grupo, como um todo, adote ações de inclusão dos funcionários na efetiva ação participava.

Os avanços e retrocessos característicos de um fato processual e que percebi que ocorrem no desenvolvimento das atividades da escola, ratificam a presença da gestão democrática ali realizada.

Considero que um dos fatores que favoreceram as condições de concreticidade desse processo na escola-alvo deste estudo foi ter sido criada sob o princípio participativo. As pessoas, ao procurarem essa escola, já o faziam com a decisão pessoal de realizar a democracia.

Constatei que a participação se deu, como em qualquer processo democrático, através de um caminho que se fez ao caminhar, e não como algo que surge espontaneamente ou que seja implantado por alguém bem-intencionado em promover a democratização do ensino.

O desenvolvimento do processo democrático que ali se realiza pressupõe sua construção no cotidiano escolar, o que não dispensa a necessidade da reflexão permanente a respeito dos obstáculos e das potencialidades que se apresentam na realidade concreta.

Parece-me que ficou claro ao grupo que a democracia só se efetiva por ações e relações que se dão na realidade concreta, em que a coerência democrática entre o discurso e a prática é um aspecto fundamental. A participação não depende de alguém que "dá" abertura ou "permite" sua manifestação. Democracia não se concede, conquista-se, realiza-se.

Há que se considerar os determinantes econômicos, sociais, políticos e culturais mais amplos que agem em favor da tendência autoritária enfrentados como manifestação, num espaço restrito.

Não é suficiente permitir formalmente que a comunidade participe da administração da escola; é preciso que haja condições que propiciem essa participação.

Neste sentido, considero importante o significado dessa participação para os sujeitos:

a) para a comunidade, participar da gestão de uma escola significa inteirar-se e opinar sobre assuntos para os quais muitas vezes se encontra despreparada; significa todo um aprendizado político e organizacional (participar de reuniões, dar opiniões, anotar, fiscalizar, cumprir decisões); significa mudar sua visão de direção da escola, passando a não esperar decisões prontas para serem seguidas; significa, enfim, pensar a escola não como um organismo governamental, portanto externo, alheio, e sim como um órgão público que deve ser não apenas fiscalizado e controlado, mas dirigido pelos seus usuários.

b) a direção vê-se colocada diante de tarefas eminentemente políticas, pois assume o papel de dirigente técnico e político. A abertura não acontece para um todo homogêneo e sim para uma população dividida, socialmente estratificada e ideologicamente diferenciada; significa lidar com inúmeras expectativas e projetos políticos diferenciados.

c) para os alunos, a principal mudança refere-se à sua relação com os professores e com a direção: assumir sua parte de responsabilidade na direção da escola e do processo pedagógico, deixando de esperar soluções acabadas e de esperar apenas a punição como saída; compreender que transitar na difícil fronteira entre "liberdade e segurança" exige um compromisso com o projeto educacional, com princípios e também com uma visão mais global, menos fragmentária da escola.

d) os professores, descobrindo, (re) descobrindo, inventando, formulando e aceitando novas premissas, preparam-se para, dialeticamente, analisar, comparar, estabelecer valores, através dos quais avaliam as diferentes metodologias, mantêm-se atentos para apreciá-los em relação às posturas teóricas e em relação à sua prática e contexto, especialmente em situação em que a comunidade tem lugar específico na construção do currículo.

Admitir a democratização das relações internas da escola como mediadora para a democratização educacional significa considerá-la como condição *sine qua non*; porém, não é a única para o processo. A participação de professores, alunos, pais e funcionários na organização da escola, na escolha dos conteúdos a serem ensinados, nas formas de administração da mesma será tão mais efetivamente democrática, na medida em que os componentes dominem o significado social das suas especificidades numa perspectiva de totalidade, isto é, se o significado social da prática de cada um é capaz de desenvolver a autonomia e a criatividade na reorganização da escola para melhor propiciar a sua finalidade: democratização da sociedade pela democratização do saber.

No processo de democratização da gestão escolar, considero ainda que é indispensável que a escola respeite a realidade local, ao invés de continuar reduzindo o fazer educacional aos moldes das classes médias urbanas, como é comum acontecer.

Somente a partir de uma relação dinâmica e consciente com a comunidade poderá ser garantida uma possibilidade para que a escola atue como um fator de mudança social.

A imersão no cotidiano administrativo-pedagógico da escola estudada levou-me a perceber que apesar de todos os limites reais à autonomia da escola na rede estadual, a própria hierarquização dos poderes de decisão deixa margem bastante longa de atuação para a escola. Se a preocupação central não é o cumprimento puro e simples das normas, mas o compromisso com a qualidade do ensino e com os interesses da população usuária e se esse compromisso faz-se acompanhar de competência técnica, é possível ampliar significativamente as margens de autonomia da escola.

Na medida em que consegue a participação de todos os setores da escola — educadores, alunos, pais e funcionários — nas decisões a respeito de seus objetivos e de seu funcionamento, a escola tem melhores condições para pressionar os escalões superiores, no sentido da apropriar-se de autonomia e recursos. Será muito mais difícil dizer não quando a solicitação não for de uma pessoa, mas de um grupo, que representa todos os segmentos e que esteja instrumentalizado pela conscientização que sua própria organização proporciona.

Os resultados alcançados na realização deste trabalho têm ainda a pretensão de indicar que um estudo em nível micro pode trazer grandes contribuições ao desenvolvimento da administração escolar, na medida em que corrobora e amplia as possibilidades indicadas pelos recentes estudos a respeito da participação coletiva na gestão escolar, como uma das vias para a melhoria do ensino, da consciência crítica da realidade social para a construção de uma escola verdadeiramente pública, na busca da eliminação das desigualdades sociais.

BIBLIOGRAFIA

ABRAMOWICZ, M. *Avaliação da aprendizagem: Como trabalhadores — estudantes de uma faculdade particular vêem o processo — em busca de um caminho.* Tese de Doutoramento, PUC/SP, 1990.

ALONSO, M. *O papel do diretor na administração escolar.* São Paulo, Difel, Educ, 1976.

AMMAN, S.B. *Ideologia do desenvolvimento de comunidade no Brasil.* São Paulo, Cortez, 1982.

ANDRÉ, M.E.D.A. e LÜDKE, M. *Pesquisa em educação: Abordagens qualitativas.* São Paulo, EPU. 1986.

APPLE, M. *Ideologia e currículo.* São Paulo, Brasiliense, 1982.

ARROYO, M.G. "Administração da educação, poder e participação". *In*: *Educação e Sociedade*, 4ª reimp., São Paulo, Cortez, 1979, vol. 2, pp. 36-46.

AVANCINE, S.L. *Daqui ninguém nos tira: Mãe na gestão colegiada da escola pública.* Dissertação de Mestrado, PUC/SP, 1990.

AZEVEDO, F. *A educação na encruzilhada.* 2ª ed., São Paulo, Melhoramentos, s.d.

BORDENAVE, J.E.D. *O que é participação?* 5ª ed., São Paulo, Brasiliense, 1987.

CARNEIRO, M.A. *Educação comunitária: Faces e formas.* Rio de Janeiro, Vozes, 1985.

CECCON, C. *Vivendo e aprendendo.* São Paulo, Brasiliense, 1982.

CUNHA, L.A. *Educação e desenvolvimento social no Brasil.* Rio de Janeiro, Francisco Alves, 1978.

________. (coord.) *Escola pública, escola particular e democratização do ensino.* 3ª ed., São Paulo, Cortez: Autores Associados, 1989.

CURY, C.R.J. "Administrador escolar: Seleção e desempenho". *Revista Brasileira de Administração da Educação*, Porto Alegre, 1, jan./jun. 1983.

D'NTOLA, A. (org.) *Disciplina na escola: Autoridade versus autoritarismo.* São Paulo, EPU, 1989.

DOWBOR, L. "Participação comunitária". *Revista Educação Municipal*, nº 1, São Paulo, ano 1, junho 1988.

FAUNDEZ, A. "Participation in the education process". The Hague, fevereiro, 1988.

FAYOL, H. *Administração industrial e geral.* 9ª ed., São Paulo, Atlas, 1981.

FÉLIX, M.F.C. *Administração escolar: Um problema educativo ou empresarial.* São Paulo, Cortez: Autores Associados, 1986.

FERNANDES, F. *Ensaios de sociologia geral e aplicada.* São Paulo, Pioneira, 1960.

________. *Educação e sociedade no Brasil.* São Paulo, Dominus/Ed. da USP, 1966.

________. *(org.) Comunidade e sociedade: Leituras sobre problemas conceituais, metodológicos e de aplicação.* 2ª ed., São Paulo, Cia. Ed. Nacional/Ed. da USP, 1975.

FERREIRA, F.W. *Planejamento sim e não: Um modo de agir em permanente mudança.* Rio de Janeiro, Paz e Terra, 1979.

FERREIRA, S.M. *Projeto de ação pedagógica para escolas comunitárias.* Dissertação de Mestrado, PUC/RJ, 1975.

FREIRE, P. *Pedagogia do oprimido*, 17ª ed., Rio de Janeiro, Paz e Terra, 1987.

GETZELS, J.W. *et alli. Educational administration as a social process.* Nova York, Hasper & Row, 1968.

GOMES, C.A.C. *Relacionamento escola-comunidade nos estabelecimentos de ensino de 1º grau no município do Rio de Janeiro.* Dissertação de Mestrado, Instituto Universitário de Pesquisas, 1977.

________. "Relação escola-comunidade — condições de êxito". *In*: *La Educacion*, nº 97, Washington, ano XXIX, 1985.

JARDIM, I. (org.) *Ensino de 1º e 2º graus: Estrutura e funcionamento.* 5ª ed. rev. e amp., Porto Alegre, Sagra, 1987.

JESUS, A.T. *Educação e hegemonia no pensamento de Antonio Gramsci.* São Paulo, Cortez, 1989.

LE BOTERF, G. "A participação das comunidades na administração da educação". *In*: *Revista da Administração Pública, 16* (1), Rio de Janeiro, jan./mar. 1982.

LEI Nº 5692/71. "Fixa diretrizes e bases para o ensino de 1º e 2º graus".

LEI Nº 7044/82. "Altera disposição da Lei 5692/71, referente à profissionalização no ensino do 2º grau".

LIBÂNEO, J.C. *Democratização do escola pública: A pedagogia crítica-social dos conteúdos*, 8ª ed., São Paulo, Loyola, 1989.

MACIAN, L.M. *Relações escola-comunidade: Um estudo de expectativas*. Dissertação de Mestrado, USP/SP, 1977.

MELLO, G.N. "Fatores intra-escolares como mecanismos de seletividade no ensino de 1º grau". *In*: *Educação e Sociedade*, 4ª reimp., São Paulo, Cortez, 1979.

________. *et alli*. *Educação e transição democrática*. 6ª ed., São Paulo, Cortez: Autores Associados, 1989.

MOCHCOVITCH, L.G. *Gramsci e a escola*. São Paulo, Ática, 1988.

MONTENEGRO, N. *O Conselho de Escola e a gestão participativa*. Dissertação de Mestrado, PUC/SP, 1991.

MOTTA, F.C.P. "Administração e participação: Reflexões para a educação". *In*: *Revista da Faculdade de Educação*, *10* (2), USP, jul./dez. 1984.

NUNES, J.W. "Relatório de atividades na Escola de 1º e 2º Graus Cidade de Emaús". Belém, 1984, mimeo.

OLIVEIRA, B. (org.) *A socialização do saber escolar*. 5ª ed., São Paulo, Cortez: Autores Associados, 1990.

OLIVEIRA, M.J. *A prática supervisora na rede estadual de 1º grau na cidade de Fortaleza-CE: Da análise crítica à proposta alternativa*. Dissertação de Mestrado, PUC/SP, 1990.

PARO, V.H. "A utopia da gestão escolar democrática". *In*: *Cadernos de Pesquisa*, (60), São Paulo, fev. 1987.

________. *Administração escolar: Introdução crítica*. 4ª ed., São Paulo, Cortez: Autores Associados, 1990.

PELLEGRINI, M.Z. "Administração participativa: Teoria e *práxis*". *In*: *Revista Brasileira de Administração de Educação*, *4* (2), Porto Alegre, jul./dez. 1986.

PENIN, S. *Cotidiano e escola: A obra em construção*. São Paulo, Cortez, 1989.

PENTEADO, S.A.T.P. *Participação na universidade: Retrato em branco e preto*. Dissertação de Mestrado, PUC/SP, São Paulo, 1990.

PEREIRA, L. *A escola numa área metropolitana*. São Paulo, Ed. da USP, 1984.

PETRINI, J.C. *CEBs: Um novo sujeito popular*. Rio de Janeiro, Paz e Terra, 1984.

PILLETI, N. *Estrutura e funcionamento do ensino de 1º grau*. 2ª ed., São Paulo, Ática, 1984.

"Regimento escolar da Escola de 1º e 2º graus Cidade de Emaús", Belém, 1989.

RIBEIRO, J.Q. *Ensaio de uma teoria de administração escolar*. São Paulo, Saraiva, 1978.

RODRIGUES, N. "A ação educacional em Minas Gerais". *In*: "Seminário tendências e prioridades de currículos na realidade brasileira", São Paulo, Educ, 1984.

RODRIGUES, N.R. e MAGALHÃES, Z.M. *Comunicação entre pais e mestres: Círculo de pais*. Rio de Janeiro, José Olímpio, 1973.

SANDER, B. "Administração da educação no Brasil: É hora de relevância". *In*: *Educação Brasileira (Crub)*, *4* (9) Brasília, 2º sem. 1982.

________. *Consenso e conflito: Perspectivas analíticas da pedagogia e na administração da educação*. São Paulo, Niterói, Pioneira/UFF, 1984.

________. *Educación, administratión y cualid de vida: Caminhos alternativos del consenso y del conflicto*. Buenos Aires, Ediciones Santillana, 1990.

SANTOS, E.A. "Participação, autonomia e co-gestão na escola pública". *Cadernos de Pesquisas*, (68), São Paulo, fev. 1989.

SAVIANI, D. "Educação para a participação no processo político — escola, cidadania e transição democrática". *In*: *La Education*, nº 100, Washington, ano XXX, 1987.

________. *Escola e democracia: Teorias da educação, curvatura da vara, onze teses sobre educação e política*. 22ª ed., São Paulo, Cortez: Autores Associados, 1989.

SCANLON, D. "Raízes históricas do desenvolvimento da educação comunitária". *In:* HENRY, N.B. *Educação comunitária: Princípios e práticas colhidas nas experiências através do mundo,* trad. de L. Vallandro, Rio de Janeiro, Centro de Publicações Técnicas da Aliança para o Progresso, 1965.

SILVA, J.F. "Participação em administração: Idéias, pressupostos e requisitos". *Revista da Faculdade de Educação* (USP), *10* (2), São Paulo, jul./dez. 1984.

SILVA, J.M. *Democracia e educação: A alternativa da participação popular na administração escolar.* Tese de Doutoramento, USP/Feusp, São Paulo, 1989.

SNYDERS, G. *Escola, classe e luta de classes*. Lisboa, Moraes, 1977.

TAYLOR, F.W. *Princípio de administração científica.* 7ª ed., São Paulo, Atlas, 1978.

TEIXEIRA, M.C.S. "Administração e trabalho na escola: A questão do controle". *In*: *Revista Brasileira de Estudos Pedagógicos,* nº 154, Rio de Janeiro, Inep, 1985, vol. 66.

TONNIES, F. *Communauté e Société: Categories fondamentales de sociologie pure*. Paris, Presses Universitaires de France, 1944.

TRAGTENBERG, M. "Relações de poder na escola". *In*: *Educação e Sociedade,* São Paulo, Cortez, 1985, vol. 20.

________. *Administração, poder e ideologia*. 2ª ed., São Paulo, Cortez, 1989.

TRIVINOS, A.N.S. *Introdução à pesquisa em ciências sociais: A pesquisa qualitativa em educação*. São Paulo, Atlas, 1987.

VIANNA, I.O.A. *Planejamento participativo na escola*. São Paulo, EPU, 1986.

WEBER, M. *Economia y Sociedad*. Fundo de Cultura Econômica, México, 1974, vol. 2.

WILLIS, P. *Aprendendo a ser trabalhador: Escola, resistência e reprodução social*. Trad. Tomaz Tadeu da Silva e Daise Batista, Porto Alegre, Artes Médicas, 1991.

WITTMANN, L.C. "Fundamentos e perspectivas para gestão democrática da educação". *In*: *Revista Brasileira da Administração da Educação*, *4* (2), jul./dez. 1986.

ZABOT, N. "O regimento escolar como instrumento de organização administrativa e pedagógica da comunidade escolar". *In*: *Revista Brasileira da Administração da Educação*. *4* (2) jul./dez. 1986.

ZUNG, A.A.K. "A teoria da administração educacional: Ciência e ideologia". *In*: *Cadernos de Pesquisa*, São Paulo, fev. 1984, vol. 48.

Impressão e Acabamento
Bartira
Gráfica
(011) 4123-0255